Hamburger Edition

Raymond Geuss

Über die Arbeit

Aus dem Englischen
von Martin Bauer

Hamburger Edition

Hamburger Edition HIS Verlagsges. mbH
Verlag des Hamburger Instituts für Sozialforschung
Mittelweg 36
20148 Hamburg
www.hamburger-edition.de

Gestaltung: Lisa Neuhalfen, Berlin
Satz aus Alegreya Serif und Sans
Druck und Bindung: CPI books GmbH, Leck
Printed in Germany
ISBN 978-3-86854-372-8
1. Auflage April 2023

Inhalt

Vorwort

Im Sommer 1953, ich war sechs Jahre alt, zog meine Familie in eine Siedlung etwa zwanzig Meilen nördlich von Philadelphia, die für Arbeiter der Fairless Works von US Steel errichtet worden war. Die neu gebaute Fabrik stand auf einer sumpfigen Halbinsel im Delaware, einem Fluss, der an dieser Stelle Pennsylvania von New Jersey trennte. Mein Vater war einer der ersten Arbeiter, die man angeworben hatte. In den 1960er Jahren und während der frühen 1970er beschäftigte das Unternehmen 8000 Werktätige, weitere 5000 waren in den Zulieferbetrieben beschäftigt, die um die Hauptwerkshallen verstreut lagen. Um die jüngst eingetroffenen Arbeiter, die in großer Zahl und häufig von weither gekommen waren, seelsorgerisch zu betreuen, hatte die katholische Kirche neue Gemeinden gegründet, zu denen eigene Schulen gehörten. Zur Messe gingen wir am Sonntag in die Kirche des Heiligen Josephs der Arbeiter, und ich besuchte die von dieser Kirchengemeinde betriebene Grundschule. Dass sich unsere Pfarrei auf den heiligen Joseph als einen Mann berief, der von seiner eigenen Hände Arbeit lebte, war eine religiöse Sanktionierung der Rolle, die das Leben, wie man annahm, für uns vorsah – jedenfalls für all die Jungen.

Im Jahr 1975 setzte ein massiver Rückgang der Beschäftigung ein, weil die Regierung Venezuelas die dortige Eisenerzförderung verstaatlichte. Mit dem Plan, eben dieses Eisenerz zu verarbeiten, das in Venezuela kostengünstig gefördert, über den Hafen von Philadelphia importiert und mit Lastkähnen flussaufwärts angeliefert wurde, war die Eisenhütte gegründet worden. 1981 erhielt US Steel für anstehende Modernisierungsmaßnahmen enorme staatliche Unterstützung, nutzte die Gelder jedoch für spekulative Geschäfte, die fehlschlugen. Das Unternehmen schien sein Interesse an der Stahlproduktion verloren zu haben. Die letzten vierzig Arbeiter, die in einem düsteren Winkel der Fabrik die noch verbliebenen Maschinen bedienten, verloren 1988 ihre Arbeit. Man hatte sie überflüssig gemacht. Auch die Gemeinde des Heiligen Josephs der Arbeiter löste sich auf. Das Kirchengebäude, die Schule, das Pfarrhaus sowie das Kloster der Nonnen, die als Lehrerinnen in der Schule gewirkt hatten, wurden 2017 abgerissen. Auf dem Gelände ließ ein örtlicher Immobilienentwickler dann ein Altersheim bauen.

Die Geschichte, die ich erzählt habe, ist banal. In den älteren Industrienationen könnten Millionen von Leuten Ähnliches berichten. Mein Impuls, das vorliegende Buch zu schreiben, geht nicht zuletzt auf den Wunsch zurück, mir Rechenschaft über dieses Kapitel meiner Lebensgeschichte abzulegen, schließlich weist es Parallelen zum Leben einer Menge Menschen in Gesellschaften des vormals industrialisierten Westens auf. Was war die »Arbeit« gewesen, um die sich unser Leben drehen sollte? Welche Rolle hat sie in unserem Dasein tatsächlich gespielt? Und wie haben sich die Dinge in der Zwischenzeit verändert? Lassen sich plausible Annahmen über den zukünftigen Stellenwert von Arbeit formulieren? Diese Fragen umschreiben insofern ein philosophisches Projekt, als zumindest einer der traditionellen Ansprüche, wie sie die Philosophie seit Sokrates anmeldet, darin bestand, zur Selbsterkenntnis beizutragen, das heißt ein Wissen um den eigenen Ort in der Welt, der Geschichte, der Gegenwart und in möglichen Zukünften zu gewinnen. Sich selbst und das eigene Erleben in der sozialen Welt zu verorten, heißt, diese Erfahrungen in einem Gewebe nicht nur von Tatsachen, sondern auch von Hoffnungen, Bestrebungen, Erwartungen, Werten und Ängsten zu lokalisieren, die den Rahmen für die Lebensführung von Individuen wie Gruppen aufspannen. Selbstverständlich ist es wichtig, die eigenen Wünsche oder Befürchtungen nicht mit der Wirklichkeit zu verwechseln, andererseits kann niemand das soziale Leben verstehen, ohne den Vorstellungen vom Himmel und derjenigen Hölle Rechnung zu tragen, die eine Gesellschaft für ihren größten Schrecken hält.

Leider zwingt uns der Zustand zeitgenössischen Philosophierens dazu, weiter auszuholen, soll das Thema »Arbeit« angemessen behandelt werden. Eine Garantie dafür, von der engstirnigen Philosophie, wie sie als akademisches Fach gegenwärtig in den Universitäten praktiziert wird, ein aufschlussreiches Verständnis des Phänomens Arbeit angeboten oder einen besonders erhellenden Zugang zu ihm bereitgestellt zu bekommen, gibt es nämlich nicht. Offen gesagt hat sich die Philosophie in jüngster Zeit so gut wie gar nicht mit »Arbeit« beschäftigt, wofür nach meiner Vermutung nicht zuletzt politische Gründe verantwortlich sind. Die nachhaltigsten theoretischen Überlegungen zu Arbeit und den mit ihr verbundenen Phänomenen verdanken wir Denkern und Denkerinnen des 19. und 20. Jahrhunderts, die allesamt zutreffend als »sozialistisch« (in der denkbar weitesten Bedeutung des Begriffs) gelten können, wobei sich auch anarchistische Einsprengsel im Amalgam dieser Reflexionen finden. In den Augen vieler Zeitgenossen kam der Untergang der Sowjetunion 1989 – ob nun zu Recht oder zu Unrecht – einer grundsätzlichen Widerlegung eben der Sichtweise gleich, die charakteristisch für diese Gruppe von Theoretikern war. Aus naheliegenden Gründen haben die etablierten politischen, unternehmerischen und kommerziellen Interessen des Westens diese Entwicklung begrüßt. In einer solchen Atmosphäre hätte es ausgesprochen großer Entschlusskraft, Unabhängigkeit im Denken und erheblicher Konzentration bedurft, sich des Themas »Arbeit« anzunehmen.

Im Verlauf der 1970er Jahre fand ein Strukturwandel der Arbeit statt, der graduelle Veränderungen (die Trägheit des Überbaus ist erheblich) unserer Arbeitsauffassung nach sich zog. Allmählich büßte ein für unsere Gesellschaft bestimmendes Paradigma seine Zentralität ein. Es schien kein selbstverständliches Faktum mehr zu sein, dass große Bevölkerungsteile ihr erwachsenes Leben mit irgendeiner Art kraftzehrender Tätigkeit, in der Regel mit industrieller Fabrikarbeit, verbringen.

Insbesondere zwei Faktoren waren bei diesen Veränderungen wirksam. Die Mechanisierung und Automatisierung von Arbeitsprozessen, die einen deutlichen Rückgang der in der industriellen Fertigung Beschäftigten herbeiführte, war der erste Faktor. Begleitet wurde dieser Beschäftigungsrückgang von einer Zunahme der Beschäftigung im sogenannten Dienstleistungssektor. Von der Industriearbeit alten Stils unterscheiden sich Dienstleistungen in mehrfacher Hinsicht. Während es typisch für die industrielle Fertigung war, dass Metall bearbeitet, also in Naturvorgänge eingegriffen wurde, konzentrierten sich Dienstleistungen auf das Management, die Organisation oder die Kultivierung von Menschen. Der Wandel von Arbeitsvollzügen – im Vergleich zum Anteil der direkten Produktion von Dingen gewannen Verwaltung, Versorgung, Unterstützung, Beförderung, Marketing und Buchhaltung an Bedeutung – zog weitreichende Konsequenzen nach sich. Sie schlugen auf die Vorstellungen durch, die sich die Menschen davon machten, was ihr Leben sei und wie es zu führen wäre.

Werkstoffe, Stahl und industriell gefertigte Güter wurden allerdings weiterhin benötigt, weshalb sich der zweite Faktor darin bemerkbar machte, dass die industrielle Produktion aus den nationalen Zentren in die Peripherien ausgelagert wurde, am Ende so gut wie vollständig nach Asien. Selbstverständlich wirkte sich dieses »Outsourcing« in einigen Ländern deutlicher aus als in anderen – in Großbritannien etwa viel stärker als in Deutschland. Für den Westen war die Industriearbeit damit um die 1990er Jahre deutlich weniger zentral und sichtbar als zuvor. Das damals aufgekommene Klischee vom Anbruch eines postindustriellen Zeitalters besaß folglich einige Stichhaltigkeit. Auch die Politik blieb von diesem Wandel nicht unberührt, die Gewerkschaften hatten, um nur ein Beispiel zu erwähnen, eine Schwächung ihres Einflusses hinzunehmen.

Zu meiner Überraschung ging mir beim Schreiben dieses Buches auf, dass es weniger in die Gattung zeithistorischer Analysen gehört als vielmehr zum Genre der historischen Anthropologie. Es liefert eine Momentaufnahme aus derjenigen Arbeitswelt, die gerade vor unseren Augen mit bemerkenswerter Geschwindigkeit untergeht, wenn sie nicht schon vollständig verschwunden ist. Alle Auseinandersetzungen mit Arbeit, die mit Begriffen wie Ausbeutung, Bedürfnis, Arbeitsethik und Objektivität operieren, spiegeln neue Wirklichkeiten, in denen die »Gig-Economy« zu einer ganz eigenen Lebensweise geworden ist, nicht mehr wider. Auch die Vorstellung, mehr oder weniger jedes Gesellschaftsmitglied müsse – abgesehen von einer Handvoll ungemein Privilegierter – einen Großteil seiner Lebenszeit der Arbeit widmen, wirkt eigentümlich archaisch, obwohl sie für unser aller Lebensführung einmal weichenstellend war. Man muss nur erwähnen, dass Rentner wie ich im Gegensatz zu früheren Zeiten inzwischen einen nicht unbedeutenden Teil der Bevölkerung ausmachen. Zwar mag zutreffen, dass Rentenempfänger auch schon in der Vergangenheit über ihre Pensionsgrenze hinaus weitergearbeitet haben, doch zählen sie heute nicht mehr zur aktiven Erwerbsbevölkerung, selbst wenn sie minder bezahlten Tätigkeiten nachgehen. Die Aussicht, dass viel mehr Menschen als früher mit zehn oder sogar noch mehr Jahren rechnen dürfen, in denen sie dank ihrer Pensionen, Ersparnisse, unter Umständen auch eigener Investitionen und aufgrund unterschiedlicher Sozialleistungen von notwendiger Erwerbsarbeit entbunden sind, markiert eine bedeutsame sozialhistorische Zäsur. Dass die Rentenbezüge für viele ihrer Empfängerinnen und Empfänger unzureichend sind und derartige Transferleistungen ständig durch die politische Praxis von Regierungen infrage gestellt werden, steht außer Zweifel und ist keineswegs bedeutungslos, nur betrifft es den Punkt nicht, auf den ich hinauswill.

Während der 1960er Jahre konnten diejenigen, die diese Dekade durchlebt haben, für einen kurzen Moment auf eine Welt ohne den Zwang zur Arbeit blicken und ohne die anhaltende Sorge, womöglich keine Arbeit zu finden. Als ich 1963 mein Studium begann, kam ein Stipendium für die anfallenden Studiengebühren auf, sodass ich Geld lediglich zur Bestreitung des Lebensunterhalts brauchte, was in meinem Fall hieß, vorrangig zur Finanzierung kostspieliger Bücher aus dem Ausland. Die US-amerikanische Wirtschaft durchlief ihren (letzten) echten Boom, was mir in den Sommern erlaubte, mit sechswöchiger Arbeit in einem Stahlwerk genug Geld zu verdienen, um mich ein Jahr lang oder sogar länger selbst zu finanzieren. Solche gut bezahlten Jobs für Ungelernte waren ohne Schwierigkeiten zu bekommen, einfach verfügbar, wenn man dringend Geld brauchte. Natürlich musste man sich auch damals nach Arbeit umsehen, freilich nur, falls das Bedürfnis nach einem Job dringlich und spürbar war. Allerdings musste die Suche nach Arbeit niemanden beunruhigen, für die eigene Lebensführung war sie jedenfalls nicht bestimmend. Unter solchen Voraussetzungen schienen sechs Wochen vergleichsweise anstrengender Arbeit einmal im Jahr keine große Sache zu sein – nicht einmal während dieses einen Sommers, in dem ich bei Temperaturen von deutlich über 40 Grad täglich die Wände der Fabrikkantine abzuschrubben hatte, nur um sie gleich am nächsten Morgen wieder mit einer dicken Schicht verschmutzt zu finden, die aus verdampftem und verklumptem Bratöl, Industriefett, Kohle- und Eisenstaub, toten Fliegen und wer weiß sonst noch was bestand. Für das kurze Intervall von sechs Wochen einen Acht-Stunden-Arbeitstag damit zu verbringen, etwas anderes als sonst zu tun, fühlte sich beinahe wie eine durchaus willkommene Unterbrechung an.

Doch sollte dieser Schnappschuss aus der Mitte der 1960er Jahre, der den Bedeutungsverlustes von Arbeit in einer Welt festhält, die keine Knappheit mehr kannte, das Ende dieses speziellen Wirtschaftsbooms nicht überleben – Ende der 1980er Jahre wurde das Stahlwerk, in dem mein Vater (und ich) gearbeitet hatten, definitiv geschlossen. Zudem hatte der bereits 1972 unter dem Titel *Die Grenzen des Wachstums* veröffentlichte Bericht des Club of Rome offengelegt, wie unhaltbar einige der doch eher naiven Vorstellungen waren, die eine grenzenlose Steigerung der Industrieproduktion bis zu einem Zustand in Aussicht gestellt hatten, in dem es keine Knappheiten mehr geben werde. Hatte es für einen flüchtigen Augenblick so ausgesehen, als ließe sich der Durchbruch zu einer Gesellschaft bewerkstelligen, die aufgrund des Vorzugs, Knappheit irgendwie beseitigt zu haben, der notwendigen Arbeit eine im menschlichen Leben allenfalls noch untergeordnete Stellung würde beimessen können, bot sich nun der Ausblick auf eine Gesellschaft, die bestimmt nicht jenseits der Knappheit angesiedelt war, in der die Arbeit im traditionellen Sinne jedoch allmählich verschwinden würde. Der herkömmliche Beruf würde zu einer Sache der Vergangenheit und die Automatisierung im Endergebnis dafür sorgen, dass eine Mehrheit der Bevölkerung nicht mehr beschäftigt werden könne.

Obwohl die Welt traditioneller Arbeit weitgehend untergegangen ist, hat sie die Art und Weise, wie Menschen über ihre Arbeit und ihr Leben nachdenken, noch ziemlich fest im Griff.

Also verlangt diese Trägheit des Begrifflichen einen Versuch, uns (auch) mit diesem Umstand zu befassen, wollen wir unsere Gegenwart verstehen. Erst im letzten Kapitel des Buches werde ich ein paar Überlegungen zu möglichen Zukünften anstellen, wobei diese Spekulationen lediglich die Absicht verfolgen, weiteres Nachdenken anzuregen.

Bei Brian O'Connor, Lorna Finlayson und Richard Raatzsch möchte ich mich für die Lektüre und Kommentierung früherer Fassungen dieses Textes bedanken, bei Martin Bauer, Zeev Emerich und Peter Garnsey für Diskussionen der behandelten Themen. Hilary Gaskin hat die Abfassung dieses Buches in Auftrag gegeben. Mit dem ihr eigenen Scharfsinn hat sie die sich ablösenden Entwürfe gelesen und kommentiert. Für die Verbesserungen einzelner Passagen, die sie mir die ganze Zeit über empfohlen hat, sowie ihre vielen guten Vorschläge zur generellen Anlage meiner Argumentation, bin ich ihr zu großem Dank verpflichtet.

1 Was ist Arbeit?

»Wir alle müssen arbeiten«, pflegte meine Mutter in einem Tonfall zu sagen, der vorgab, eine offenkundige Wahrheit auszusprechen, die keine weitere Begründung brauchte, auch keinen Widerspruch zuließ, allerdings eine Drohung enthielt.

Immerhin schien sie richtig zu liegen: Mein Großvater mütterlicherseits bediente einen Webstuhl in einer Textilfabrik im Westen Philadelphias, der väterlicherseits war Bäcker, bevor er bei der Eisenbahn arbeitete. In den 1940er Jahren heiratete einer der Brüder meines Vaters eine Frau, die eine Farm im südlichen Indiana geerbt hatte, die sie gemeinsam bewirtschafteten, am Ende zusammen mit ihren fünf Kindern. Da sich die Familie von dem, was der Hof abwarf, allein nicht ernähren konnte, produzierten sie vornehmlich für den Handel auf Märkten. Die Preisgestaltung und die erzielten Gewinne fielen so aus, dass sie meinem Onkel und seiner Familie erlaubten, vom Verkauf ihrer Erzeugnisse zu leben, ohne andere Arbeit annehmen zu müssen. Allerdings veränderte sich die ökonomische Lage während der 1960er Jahre, weshalb mein Onkel neben seiner Arbeit auf dem Hof einer Berufstätigkeit als Industriereiniger in einem pharmazeutischen Betrieb nachgehen musste, der in der Stadt angesiedelt war. Im Lauf der Zeit wurde seine Arbeit in der Stadt immer wichtiger. Mein Vater war Mechaniker in den Fairless Work von US Steel im östlichen Pennsylvania. Seine Arbeit bestand darin, Diesellokomotiven und Magnetkräne zu reparieren, mit denen Erz, Eisen und Stahl innerhalb des Stahlwerks transportiert wurden. Meine Großmutter verbrachte ihre Tage damit, das Haus zu putzen, Wäsche zu waschen und zu kochen, während meine Mutter als Schreibkraft, Buchhalterin, Stenotypistin und Sekretärin in verschiedenen Firmen arbeitete, die unterschiedliche Produkte kauften und wieder verkauften. Ich selbst hatte während der 1960er Jahre eine Reihe von Ferienjobs in dem Stahlwerk, einen Sommer verbrachte ich damit, als »Frachtagent« am Frankfurter Rhein-Main-Flughafen zu arbeiten. Zwischen dem Beginn meiner ersten Vollzeitanstellung 1971 und meiner Emeritierung im Jahr 2014 habe ich mein ganzes Berufsleben damit verbracht, zu lehren, Prüfungen abzunehmen, Gutachten und Evaluationen aufzusetzen sowie Bücher und Aufsätze zu schreiben. Trotz ihrer offensichtlichen Unterschiede verwenden wir für all diese Tätigkeiten das gleiche allgemeine Wort: Arbeit. Ist es sinnvoll so zu verfahren? Was ist diese Aktivität, die wir »Arbeit« nennen? Beginnen möchte ich damit, einiges zu diskutieren, was wir spontan äußern (und denken), wenn es um Arbeit geht, und einiges, das wir Arbeit entgegensetzen, also Entspannung, Muße, Spiel, Faulheit, Arbeitslosigkeit, Urlaub beziehungsweise Ferien sowie Ruhestand, Pensionierung oder Verrentung.

Unsere Vorstellung von Arbeit orientiert sich in erster Linie am Vorbild der Industriearbeit, die mein Vater und Großvater ausgeübt haben. Wir neigen dazu, Arbeit für einen klar ersichtlichen und einfachen Begriff zu halten, der jedem geläufig ist. Wird jedoch bedacht, wie Menschen über Arbeit sprechen, stellt sich die Sache, was ihnen selbst offenbar nicht entgeht, komplizierter dar. So kann ich mich gut an drei unterschiedliche Bemerkungen erinnern, die mein Vater gewöhnlich über seine Arbeit fallen ließ und die zumindest nahelegen, dass seine Begriffsverwendung eine interessante innere Gliederung aufwies oder auf unterschiedliche Dimensionen menschlichen Handelns Bezug nahm, auch wenn ihm dieser Umstand selbst nicht völlig klar gewesen sein mag. Einmal pro Tag nahm er eine schwere Mahlzeit zu sich und bemerkte häufig, eine ordentliche Portion nahrhafter Kost müsse er essen, »um mir meine Kraft für die Arbeit zu erhalten«. Also war Arbeit eine Aktivität, die Anstrengung verlangte, sich von Untätigkeit oder Müßiggang (für den man sich seine Kraft nicht bewahren muss) unterschied und die einiges an Aufwand forderte. Nach dem Essen, kurz bevor seine Schicht begann und er das Haus verließ, kündigte mein Vater an, »jetzt zur Arbeit gehen zu müssen«, wobei er gelegentlich hinzufügte, »um den Lebensunterhalt zu verdienen«. Damit war gesagt, dass sich »Arbeit« vom Rest des Lebens unterschied, was in seinem Fall hieß, ein separiertes Areal aufsuchen zu müssen, das Stahlwerk, ein von Drahtzäunen begrenztes, weiträumiges Gelände, das private Sicherheitskräfte überwachten und einige große Gebäude umfasste, die durch Straßen und lange Eisenbahnlinien miteinander verbunden waren. Sich dorthin zu begeben, war keine Frage der Wahl, nichts, das er hätte tun wollen, sondern eine Notwendigkeit – er »hatte« dorthin zu gehen. Seine dritte Äußerung war besonders bemerkenswert: In Reaktion auf jede Art von Verhalten, die er für übertrieben sorgfältig und pingelig hielt, angesichts von Ausflüchten, persönlichen Vorlieben oder eigensinnigen Einstellungen, auch in Situationen, in denen umständliche Gedankengänge ausgebreitet wurden, pflegte er zu bemerken, dass »wir hier arbeiten, damit etwas produziert wird«. Dieser Satz ging, wie ich irgendwann herausfand, auf das zurück, was sein Vorarbeiter den Männern seiner Abteilung sagte. Gemeint war, dass alles Nachdenken, Reden oder skrupulöses Moralisieren ohne Belang sei, sobald es ums Arbeiten ging. Was allein zählte, war die Qualität (und zumal die Quantität) des fertiggestellten Produkts. Arbeit drehte sich um etwas »da draußen« in der wirklichen Welt, sichtbar für alle, zählbar und greifbar, keine Sache bloßer Meinungen, kein Teil der Dramen, die sich im Innenleben abspielen. Tatsächlich produzierte das Stahlwerk sogar Bleistifte mit der Aufschrift *US Steel: Wissen allein reicht nicht!*. Wenn schon Wissen nicht genug war (im Vergleich zu vorzeigbaren Produktionsergebnissen), so galt erst recht, dass die *Einstellung* eines Arbeiters oder einer Arbeiterin gegenüber dem, was er oder sie tat, nicht zählte. Einige dieser Stifte landeten auch bei uns zuhause. Als ich anfing, im Stahlwerk zu arbeiten, ging mir dann auf, dass der markige Spruch Teil der Sicherheitspolitik im Werk war, denn dort war man der Überzeugung, Arbeitsunfälle fielen nicht in den Verantwortungsbereich des Unternehmens, seien vielmehr eine Folge von Sorglosigkeit auf Seiten der Arbeiter; denn die »wüssten«, dass sie ihre Helme und Arbeitsschuhe mit Stahlkappen tragen müssten, selbst wenn der August in einem Stahlwerk Pennsylvanias kaum erträgliche Temperaturen mit sich brachte, die das Tragen der Schuhe und Helme zu einer unangenehmen Pflicht machten. Mein Vater hat das Motto auf dem Bleistift allerdings nicht so eng ausgelegt. Für ihn wies der Spruch darauf hin, dass »Arbeit« eine abgetrennte Domäne ist, die von objektiven, ihr eigenen, internen Standards beherrscht wird. Verglichen mit derart imperativen Vorgaben, war der Zustand, *etwas zu wissen,* als Paradigma einer seriösen, gut begründeten, wiewohl bloß mentalen Einstellung zur Welt ohne besonderen Belang. Mit »Arbeit« in der Bedeutung, auf die der Satz »Wir arbeiten hier, um etwas zu produzieren« Bezug nahm, war für ihn die Arbeit als Teil des menschlichen Lebens gemeint – und zwar in all ihren Formen und Variationen. Ein menschliches Leben sollte genauso frei von Aufschneidereien, ausgefallenen Grübeleien und Gefühlsausbrüchen sein, wie es die Arbeit im Stahlwerk nun einmal war. Einer der Gründe für das Einverständnis meines Vaters mit dem Produktionsethos in seiner Arbeitswelt lag darin, dass niemand anging, was er aß, was er dachte, was er mochte oder nicht mochte, was seine persönlichen Gewohnheiten waren oder welche Einstellung er zu seiner Arbeit oder dem Management der Firma hatte, solange er nur dafür sorgte, dass die für den Produktionsablauf nötigen Lokomotiven und Kräne funktionierten. Die Arbeit war eine ernste Sache, das Leben eine ernste Angelegenheit und das Ethos der Stahlproduktion ein Ideal, das in allen erdenklichen Hinsichten und Gebieten anzustreben war, wollte man eine ernstzunehmende Person sein.

Nach meinem Verständnis illustrieren die drei Sätze meines Vaters drei bedeutsame Aspekte unserer gebräuchlichsten Konzeption von Arbeit:

(a) Sie ist ein Vorgang, der den Einsatz von Energie verlangt und kraftzehrend ist: Das Produkt wird nicht mühelos oder durch Zauber hergestellt, sondern durch menschliche Anstrengung (insbesondere durch die Anstrengung eines Einzelnen oder einer Gruppe von Individuen, über die gesagt wird, sie arbeiten, seien werktätig).
(b) Sie ist eine Lebensnotwendigkeit.
(c) Sie bringt ein äußerlich hergestelltes Produkt hervor, dass messbar ist und bewertet werden kann, ohne irgendetwas über den Vorgang, durch den es zustande kommt, oder die Leute, die es hergestellt haben, wissen zu müssen. (Mit Blick darauf werde ich abkürzend von »Objektivität« in einer Bedeutung dieses höchst mehrdeutigen Begriffs sprechen.)

In paradigmatischen Fällen dessen, was wir, d.h. Menschen im Westen zu Beginn des 21. Jahrhunderts, als »Arbeit« bezeichnen, sind diese drei Aspekte allesamt gegenwärtig. Arbeit im allgemein akzeptierten, ausgeprägten Sinne wird diese drei Bestimmungen als Teile eines integrierten Ganzen enthalten. Dennoch fallen alle drei Bedeutungsstränge nicht immer notwendigerweise zusammen. Vorstellbar ist, dass sie einzeln und getrennt auftreten. Das gilt sogar für einige Fälle, die uns aus der Alltagserfahrung bekannt sind, und trifft sicherlich zu, schaut man sich an, wie sich menschliche Aktivität in ihrer historischen Entwicklung formiert hat. Sind nur ein oder zwei, aber nicht alle drei Bedeutungen bei einer gegebenen Klasse von Fällen gleichzeitig im Spiel, wird es eine Frage der Beurteilung, Konvention, Tradition oder historischer Zufälligkeit und individueller Entscheidung sein, ob wir die betreffende Aktivität »Arbeit« nennen. In England tragen Blindenhunde bei ihren Einsätzen häufig ein Schildchen mit der Aufschrift »Blindenhund bei der Arbeit«, manchmal ist auch zu lesen: »Stören Sie mich nicht, ich arbeite«. Also stellt sich etwa die Frage, ob der Hund für seine Arbeit bezahlt werden sollte. Ob sich ein Roboter anstrengen kann, wäre eine nächste. Und wenn der Besuch eines Parks Büroangestellte entspannt, sodass sie ihre Arbeit im Anschluss erfrischt wieder aufnehmen können, stellt sich die Frage, ob der Park ein Arbeitsplatz ist. Kann ein Hund, ein Roboter oder ein Park Mitglied einer Gewerkschaft werden? Wie solche Fragen zu beantworten wären, vermag uns die Logik unseres Begriffsgebrauchs nicht vorzuschreiben. Begriffe sind offen, was jedoch keineswegs heißt, es sei Sache bloß willkürlicher Entscheidung, ob etwas als Arbeit zählt. Umgekehrt bedeutet es, dass metaphorische Übertragungen und deren Einbettung in unseren täglichen Sprachgebrauch bis zu dem Punkt, wo diese Metaphern buchstäblich wahr werden, unprognostizierbar sind. Dass der Satz »Der Roboter arbeitet« buchstäblich wahr ist, lässt sich leicht einräumen, verweist »Roboter« doch etymologisch auf eine slawische Wurzel mit der Bedeutung »arbeiten«. Aber handelt es sich bei der Auskunft »Blindenhund bei der Arbeit« tatsächlich um eine Metapher oder nicht? Und wenn es keine Metapher ist, wann wurde sie eher buchstäblich denn im übertragenen Sinne wahr? Offenbar ist ein ganzes Spektrum an geschichtlichen, linguistischen, politischen, sozialen, literarischen sowie anderen Kräften und Faktoren daran beteiligt, etwas als eine Form von Arbeit anzusehen. Wie sich solche Kräfte und Faktoren auf konkrete Situationen auswirken werden, ist keineswegs bloß zufällig, andererseits aber auch nicht mit Gewissheit vorhersehbar.

Ich gehe davon aus, dass die drei erwähnten Komponenten den Kern unserer üblichen Konzeption von Arbeit bilden, doch gibt es noch andere Aspekte, die für die Weise, wie wir über Arbeit denken, weniger wesentlich sind, allerdings eine wichtige, wenn auch untergeordnete Rolle spielen. Davon »zur Arbeit zu gehen«, sprach mein Vater, ohne lange über seine Ausdrucksweise nachzudenken. Gemeint war, dass Arbeit

(d) eine bestimmte und weitgehend in sich geschlossene Tätigkeit ist, die dementsprechend an ihrem eigenen, separaten Ort ausgeübt wird, in einer Fabrik oder Werkstatt, einer Werkhalle (oder in einem Büro), um sicherzustellen, dass sie nicht mit anderem vermengt wird.

Selbstverständlich war er sich darüber im Klaren, dass einige Leute – sonderbare Handwerker, verschiedene Männer, die einen Kleinbetrieb führten und Autos in ihren Garagen reparierten – zuhause arbeiteten. Doch selbst diese Leute, so die Annahme, besaßen einen eigenen Arbeitsplatz. Außerdem war ihm bewusst, dass einige Leute ihre Arbeit mochten, dass sie gewisse Arbeiten unbeschwert ausführen konnten, was für meinen Vater ein zufälliger Umstand war, eine glückliche Fügung für die Person, der es gefiel, das zu tun, was so oder so zu tun war. In der Regel standen Leichtigkeit, Spaß und gute Laune in einer gewissen Spannung zur Idee von Arbeit. Im Übrigen waren Schabernack und Streiche in der Eisenhütte außerordentlich gefährlich, eine Ursache zahlloser Arbeitsunfälle. Daher

(e) unterschied sich Arbeit grundsätzlich von allem, was man aus Freude, zum Vergnügen oder Spaß tat. Sie war der Inbegriff ernsthaften Tuns.

Schließlich schwang in allem, was mein Vater dachte und sagte, noch eine unausgesprochene Voraussetzung mit, die so fundamental und offensichtlich für ihn war, dass sie nicht eigens erwähnt werden musste:

(f) Arbeit ist die prototypische Tätigkeit, für die man Lohn in der Gestalt von Geld bekommt; sie ist monetarisiert.

Nun war es nicht so, als hätte mein Vater vergessen, dass einer seiner Brüder auf seinem Hof hart und viel arbeitete, ohne dafür von irgendjemanden Geld zu bekommen – tatsächlich beackerte er die Felder für den eigenen Bedarf und den seiner Familie. Nur wurde der Umstand, dafür nicht entlohnt zu werden, als neben- und untergeordnetes Phänomen wahrgenommen. Letztlich war auch die Landwirtschaft zur Selbstversorgung im Horizont bezahlter Arbeit zu begreifen. Wer sich von dem ernährte, was er selbst angebaut hatte, musste sein Essen eben nicht kaufen. Arbeit zum Gelderwerb, Getreideanbau für den Verkauf (und die Arbeit als Reinigungskraft) war das entscheidende Tun. Alles drehte sich darum und war letzten Endes auch nur daraus zu verstehen.

Wer (d) und (f) betont, wird Hausarbeit, gewöhnlich von Frauen erledigt, für ein randständiges Phänomen der Arbeitswelt halten, weil sie – obwohl die Kriterien (a), (b) und (c) klar erfüllt sind – in der Regel unbezahlt ist und auch keine räumlich separierte, in sich bestimmte Tätigkeit (im Sinne von (d) darstellt.

Die von mir oben aufgelisteten drei Grundbestimmungen von Arbeit ergeben weder eine formale Definition von Arbeit, noch käme man zu einer solchen Begriffsklärung, würden die drei weiteren Kriterien hinzugezogen. Sie verweisen insgesamt eher auf ein vages, allenfalls annäherungsweise markiertes diskursives Territorium, innerhalb dessen Arbeit diskutiert wird. Bevor wir diese Diskussion fortsetzen, dürfte der Versuch sinnvoll sein, die drei tragenden Elemente unserer Konzeption von Arbeit noch etwas weiter auszuleuchten.

Anstrengung

Körperliche und moralische Anstrengung

Zu arbeiten heißt, sich bei einer Tätigkeit anzustrengen. Etwas als »anstrengend« zu bezeichnen, meint zunächst, dass jemandem abverlangt wird, seine Muskeln dauerhaft und intensiv zu beanspruchen, wie es Leute tun, die einen ganzen Tag lang Steine schleppen, ein Boot rudern oder Getreide dreschen.

Zwei Komponenten scheinen im Spiel zu sein, eine erste, im engeren Sinne physikalische oder technische, und eine zweite, die »moralischer« Art ist. Um mit dem technischen zu beginnen, ist daran zu erinnern, dass »Arbeit« in der Physik und Technik ursprünglich die Größe des Gewichts bezeichnete, das ein Tier in eine bestimmte Höhe hieven kann. Diese Verwendung des Begriffs ist erweiterbar, indem man ihn nicht nur gebraucht, um zu bezeichnen, welches Gewicht ein Tier als Ganzes, etwa ein Pferd, wie hoch zu heben vermag, sondern auch, um anzugeben, was eine einzelne Muskelgruppe des Menschen stemmen kann. Schließlich lässt sich der Begriff »Arbeit« in der Physik formalisieren und von der Vorstellung ablösen, dass ein Tier etwas bewegt oder anhebt, wodurch man die Arbeit, die ein Boiler oder eine Maschine verrichtet, dann abstrakt als das Produkt von aufgewendeter Kraft und überwundener Distanz bestimmen kann. Wichtig ist in jedem Fall, dass Arbeit strikt durch ihr äußeres Resultat messbar wird: Das bewegte Gewicht lässt sich von außen ebenso messen wie die Höhe, zu der es angehoben wurde, sodass die Beziehung beider festlegt, worin die geleistete »Arbeit« besteht. Wieviel Arbeit ein menschliches Wesen bewältigt, ist eine Sache seiner natürlichen Ausstattung: Generell wird ein Pferd größere Gewichte anheben können als ein Mensch ohne weitere Hilfsmittel. Doch teilweise ist es auch eine Frage von Ernährung und Übung. Ein körperlich gut ausgestatteter Erwachsener, der sich ordentlich ernährt und regelmäßig Gewichte hebt, wird gewöhnlich in der Lage sein, größere Lasten weiter zu bewegen als einer, der gar nicht trainiert. Also ist eine menschliche Tätigkeit anstrengend, wenn sie einen gewissen Aufwand an körperlicher Arbeit in dem strikten Sinne verlangt, den die Technik verwendet.

Es gibt aber noch, wie schon angedeutet, eine zweite Verwendungsweise von »anstrengend«. Etwas kann auch »moralisch« anstrengend sein – in der etwas altertümlichen Bedeutung, die Philosophen dem Wort »Moral« beilegen. Dann bezeichnet das Eigenschaftswort »anstrengend« den Grad der Mühe, zu der ich mich zwinge oder zwingen könnte. Tiere, und Menschen zumal, können sich mehr Mühe geben (oder, wahlweise, auch nachlassen). Wir können versuchen, Tiere dazu zu bringen, sich mehr Mühe zu geben, etwa indem wir eine Peitsche verwenden, wie es gängige Praxis im Umgang mit Tieren, beispielsweise bei Pferden, und Sklaven war. Wie viel Mühe ich aufzuwenden habe, um ein gestecktes Resultat zu erreichen, hängt sowohl von meiner physischen und psychischen Verfassung ab als auch davon, wie geübt ich bin. Es mag ein Gewicht geben, das ich nur unter großer Anstrengung – mit sehr viel Mühe – heben kann, während es eine Person, die von Haus aus stärker und besser trainiert als ich ist, ohne jede Schwierigkeit bewegen kann. Gelegentlich bekommen wir mit einem Menschen, nennen wir ihn Peter, zu tun, der von sich aus zu weniger Arbeitseinsatz befähigt ist als ein anderer

Mensch namens Paul. Doch sticht Peter, was messbare Arbeit angeht, Arbeit im technischen Sinne, Paul ständig aus. Paul ist, um es beispielhaft durchzuspielen, zwar körperlich stärker als Peter und er *könnte, falls er sich ernstlich anstrengte*, während seiner Schicht deutlich schwergewichtigere Steine über eine größere Distanz transportieren. Doch gibt sich Peter in seiner Arbeitszeit größere Mühe, sodass er tatsächlich nicht nur mehr Steine bewegt als Paul, sondern sie auch über längere Strecken transportiert. Was Peter von Paul unterscheidet, beleuchtet gewisse Bedeutungsnuancen in unserem Verständnis von »Arbeit«. Nehmen wir an, dass es Peter wie Paul obliegt, 500 Steine, die jeweils 10 Kilo wiegen, in einer gegebenen Zeit 3 Meter weiterzubewegen. Im vorgegebenen Zeitraum transportiert Paul 1000 Steine über die vorgegebene Distanz, während Peter lediglich 500 schafft. Wir könnten dann sagen, dass

(a) Paul mehr Arbeit (im technischen Sinne) verrichtet hat als Peter, aber
(b) Peter härter (im moralischen Sinne) arbeiten musste als Paul, um die Vorgabe zu erfüllen.

Beide Behauptungen sind völlig miteinander vereinbar.

Selbstverständlich sind eine Menge Gründe dafür denkbar, dass Diskrepanzen auftauchen, unter Umständen sogar systematischer Art, zwischen dem Betrag an faktischer Arbeit (im technischen Sinne), den ein Individuum oder eine Gruppe verrichtet, und dem, wozu er, sie oder diese Gruppe im Prinzip fähig wäre. Einer dieser Gründe könnte darin bestehen, dass die Person, deren Arbeit wir würdigen, an Faulheit, Einsatzschwäche oder dem Unvermögen laboriert, sich Mühe zu geben.

Im Gegensatz zum Arbeitsethos im Stahlwerk, das meinen Vater so beeindruckt hat, neigen manche Leute dazu, gerade die Bereitschaft, sich Mühe zu geben, besonders hoch zu veranschlagen, selbst wenn ihr kein messbares Ergebnis entspricht.

Mitunter infiziert diese moralisierende Einstellung Auseinandersetzungen, in denen es um erbrachte Leistungen und entsprechende Verdienste geht. Sie kann dann einen Ausschlag in beide Richtungen geben. Für den Vorarbeiter meines Vaters zählte ausschließlich die Produktion, weder Mühe noch guter Wille hätten quantifizierbare Defizite ausgleichen können, die bei der Arbeit (im technischen Sinne) anfielen. Auch religiöse Wortführer, Lehrer, Moralisten und ganz gewöhnliche Menschen reagieren mit Befremden auf offenkundige Faulheit. Unter Umständen gehen sie so weit, einer höchst begnadeten Person, die mühelos eine Menge Arbeit wegschafft, sogar abzusprechen, dass sie »wirklich« arbeite. In bestimmten Kontexten lassen sich solche moralisierenden Einstellungen ohne Weiteres vermeiden, allerdings ist es schwierig, auf sie in allen Fällen und unter allen Umständen zu verzichten, ohne Unstimmigkeiten heraufzubeschwören. Ein großes Problem ist schlicht, dass sich Mühe (im Gegensatz zu wirklichem Einsatz) schwerlich messen lässt. Darüber, welcher Stellenwert ihr neben anderen Faktoren bei der abschließenden Beurteilung von Arbeit zukommt, besteht kein Einverständnis.

Also ist Arbeit sowohl im technischen wie moralischen Sinne anstrengend, jedenfalls, was ihre typischen Fälle betrifft. Bisher sind wir von der Annahme ausgegangen, dass die als anstrengend charakterisierte Tätigkeit eine körperliche Aktivität ist – Gewichte werden gehoben, Objekte bewegt, Dinge gezogen. Doch findet sich die Bedeutung von Wörtern wie »Anstrengung«, »Mühe« und »kraftraubend« dann ausgeweitet, wenn sie auf mentale, mit körperlichem Kraftaufwand vergleichbare Phänomene angewandt werden, etwa auf die Lösung einer komplizierten Gleichung, die ein hohes Maß an Konzentration und Ausdauer bei der Ausübung mentaler Kräfte verlangt, von denen angenommen wird, sie ähnelten der Kraft unserer Muskeln. So gibt es »manuelle« und »mentale«

Arbeit (die marxistische Tradition spricht von »Handarbeit« und »Kopfarbeit«). Mitunter fallen unter den Begriff Arbeit aber nicht bloß mehr oder weniger eindeutige mentale Aktivitäten wie Buchhaltung, Stenografie, Simultanübersetzung, Verarbeitung großer Datenmengen oder die Auflösung komplexer formaler Probleme, die zweifelsohne anstrengend sind und einiges an Konzentration verlangen, sondern ungleich ätherischere Sphären, in denen Heiraten vermittelt, auf Bühnen geschauspielert oder Konflikte moderiert werden. Vorausgesetzt, dass es schon schwer genug ist, den Punkt auszumachen, an dem bei körperlicher und manueller Arbeit natürliche Begabung und Übung in mühevolle Anstrengung übergehen, so nehmen die Komplikationen erst recht zu, wenn die Unterscheidung zwischen leichthändigem Können und nötig werdender Anstrengung auf Fälle angewendet wird, in denen der Kopf, der Verstand oder der Geist arbeitet. Hier zu ermitteln, was die geleistete Arbeit ausmacht, erweist sich als noch schwieriger.

Müßiggang, Spiel, Ferien und Ruhestand

Zu behaupten, Arbeit sei anstrengend, kann besagen, dass sie eine in sich unangenehme Tätigkeit ist und deshalb den Widerwillen der Person auslöst, die sie ausführt, weil wir denken, es widerstrebe Leuten, ihre Muskeln anspannen zu müssen. Um dem Begriff von Arbeit noch schärfer zu konturieren, empfiehlt es sich, die mindestens vier anderen Zustände, in denen sich Menschen befinden, daraufhin anzuschauen, wie sie im Kontrast zu Arbeit konstruiert werden. Zunächst gibt es den Zustand, bei dem ich in keiner Weise irgendeiner Tätigkeit nachgehe, also eindeutig nicht arbeite – es sei denn, dass ich als lebendiges Beispiel eines Künstlers auftrete. Ist meine Tätigkeitslosigkeit gewollt, treibe ich Müßiggang. Bin ich nur für eine kurze Periode zwischen zwei Arbeitsphasen untätig, und wird dieses Intervall als notwendige Unterbrechung in einem

Vorgang begriffen, bei dem ich nach einer Anstrengung wieder zu Kräften komme, um die Arbeit schließlich wiederaufzunehmen, ruhe ich mich aus. Ist meine Untätigkeit ungewollt, bin ich arbeitslos (vielleicht auch beeinträchtigt, beziehungsweise beides). Eine andere Möglichkeit ist die, dass ich nicht inaktiv bin, sondern einer Beschäftigung nachgehe, vielleicht sogar mit einem gewissen Einsatz von Energie, die jedoch nicht als Arbeit gilt – zum Beispiel Schach spielen. Viele der menschlichen Spiele (die in Abhängigkeit vom Kontext strikt von Arbeit unterschieden werden) können ausgesprochen anstrengend sein. Gerade die organisierten Sportarten, denen eine Menge Leute nachgehen, weil sie ihnen »Spaß machen«, sind mit erheblichen Anstrengungen verbunden. Rugby zu spielen, ist deutlich anstrengender als es die Jobs waren, die ich während meiner Sommer im Stahlwerk zu erledigen hatte und die allesamt als »Arbeit« galten. Ob etwas als Arbeit oder Spiel betrachtet wird, hängt von den Umständen ab, lässt sich jedenfalls nicht immer dadurch entscheiden, dass die infrage stehende Tätigkeit genauer in den Blick genommen wird. Es gibt Spieler, für die Rugby ein Job ist, doch für die meisten, die auf dem Spielfeld stehen, wird es keine Arbeit sein. Im Übrigen illustriert dieses Beispiel, dass es sich bei »Arbeit« in bestimmten Situationen weder um eine physikalische noch um eine biologische, sondern um eine spezifisch *soziale* Kategorie handelt.

Sowohl die professionellen Rugbyspieler als auch die Amateure sind auf dem Spielfeld mit Aktivitäten beschäftigt, die ein Beobachter in ihrem jeweiligen Status als Arbeit oder Nicht-Arbeit nicht zu unterscheiden vermag. Was die jeweilige Tätigkeit für den Profi zu »Arbeit« macht, ist der besonderen Matrix sozialer Beziehungen geschuldet, in die sie eingebettet ist, nicht zuletzt der Tatsache, dass Rugby für den professionellen Sportler (beinahe) eine Vollzeittätigkeit ist, für die er aufgestellt wird und mit der er seinen Lebensunterhalt verdient, gemäß (f) in unserer obigen Liste.

Eine dritte Möglichkeit besteht darin, dass ich, wie man so sagt, »in den Ferien« bin (eine Pause mache, Urlaub nehme) für einen gewissen Zeitraum, den ich als begrenzte Unterbrechung einer längeren Phase anhaltender Arbeit wahrnehme. Während eines solchen Intervalls steht es mir frei, auszuruhen und nichts zu tun, zu spielen oder verschiedene Tätigkeiten auszuüben, die nichts mit Arbeit zu tun haben. Wie ich meine Ferien verbringe, entscheide ich innerhalb gewisser Grenzen selbst, während mir Arbeit durch natürliche Notwendigkeiten auferlegt wird, was in den meisten Fällen heißt, durch einen Arbeitgeber, und in anderen, dass ich auf Bedürfnisse reagiere, die sich mir aufgenötigt haben.

Schließlich gibt es auch noch die Situation, in der ich mich nach einer langen Zeit ununterbrochener Arbeit dazu entscheide, überhaupt nicht mehr zu arbeiten, weil ich ein gewisses Alter erreicht habe, beeinträchtigt bin oder über Anrechte verfüge, die ausreichen, um mich für den Rest meines Lebens unter Verzicht auf weitere Arbeit selbst zu versorgen. Manchmal besteht kein spezieller Grund dafür, die Berufstätigkeit zu beenden, was jedoch eher ungewöhnlich ist. Allemal sagt man dann: »Ich bin in Rente gegangen.« Sich zur Ruhe setzen, ist selbstverständlich etwas völlig anderes, als dazu gezwungen zu werden, die Arbeit aus irgendwelchen Gründen aufzugeben. Dann habe nicht ich mich zur Ruhe gesetzt, vielmehr hat man mich in den Ruhestand versetzt. So wurden Frauen, die Berufstätigkeiten übernommen hatten, die als männlich galten, nach dem Ende des Ersten und Zweiten Weltkriegs massenhaft entlassen. Und bis auf den heutigen Tag werden Beschäftigte, die ihre Arbeit gerne fortsetzen würden und dazu auch in der Lage wären, bei Erreichen einer gewissen Altersstufe zwangsweise in Rente geschickt.

Notwendigkeit

Sprechen wir davon, dass es notwendig sei, zu arbeiten, ist keine logische Notwendigkeit gemeint. Notwendig ist Arbeit vielmehr im Lichte von Zwecken, die – wie wir meinen – alle Menschen verfolgen. Zu ihnen zählt sicherlich das biologische Überleben, doch gehen diese Zwecke weit über reine Selbsterhaltung hinaus. Ihr etwaiges Überleben vermag selbst eine bettelarme Familie sicherzustellen. Was wir den Leuten also zuschreiben, ist das Bedürfnis, ein Leben zu führen, das den Minimalbedingungen eines kulturell für *human* erachteten Daseins genügt. Mitunter ist auch von einem anständigen oder würdigen Leben die Rede. Vermutlich hätten mein Vater, meine Mutter, meine Schwester und ich auf den Straßen Philadelphias dank einer Mischung aus Plünderei, Diebstahl, Tagelöhnerei, Bettelei und verschiedenen Almosen für eine Weile überleben können, weshalb die Notwendigkeit zu arbeiten eher dem Bedürfnis entsprang, kulturell inakzeptablen Lebensumständen zu entgehen als unmittelbar drohendem physischem Ableben. Standards für ein akzeptables Leben, das als anständig angesehen wird, sind nicht nur sozial konstruiert, vielmehr variieren sie in unterschiedlichen Zeiten und Orten erheblich. Vollkommen nahrhafte und leicht verfügbare Kost wird in zahlreichen Gesellschaften aus verschiedenen sozialen, kulturellen und religiösen Gründen einfach nicht gegessen (Ratten, Käfer, Schnecken, die unverwesten Leichen gerade verstorbener Menschen). In Philadelphia gehörte der Besitz einer Waschmaschine während der späten 1940er und frühen 1950er Jahre durchaus nicht zur Grundausstattung eines »anständigen« Lebens; wir halfen uns mit einer Kombination von Seifenschüssel, Waschbrett und Mangel, deren Kurbel in den Kellerräumen des Gebäudes bedient wurde, das wir bewohnten. Ein Fernsehapparat war ein nahezu undenkbarer

Luxus, den sich meine Großmutter 1953 leistete, womit sie der Stolz der ganzen Nachbarschaft wurde. Heute würde man eine Waschmaschine und einen Fernseher in großen Teilen Europas und der Vereinigten Staaten wohl zu den lebenswichtigen Gütern zählen.

Was die uns beschäftigende Frage nach Notwendigkeiten anlangt, so ergibt sich ein zweiter bedeutsamer Punkt aus dem Umstand, dass sie sich in den meisten Fällen auf einer höchst allgemeinen Ebene bemerkbar macht und dort wirksam wird. Bevor sich Notwendigkeiten konkretisieren und tatsächlich eine spezifische Aktivität prägen, ist ein langer Weg mit vielen Schritten zu durchlaufen. Dass ich beispielsweise Wasser brauche, ist sicherlich wahr, nur lässt sich über die Natur dieses Bedürfnisses nicht viel mehr sagen, einfach weil Wasser zur Befriedigung dieser physiologischen Notwendigkeit so gut wie unersetzlich ist. Folglich ist der Weg, der von der allgemeinen Behauptung »Menschen brauchen Wasser« zu irgendeiner besonderen Notwendigkeit führt (»Du hast den ganzen Tag in der glühenden Sonne gearbeitet und musst jetzt ein Glas Wasser trinken«), ebenso einfach wie geradlinig. Doch besitzen viele menschliche Bedürfnisse keine derart simple Struktur. So ist etwa hinreichend nahrhafte Kost nötig (eine Regel, die eine allgemeine Notwendigkeit zum Ausdruck bringt), doch lässt sich angesichts aller möglichen, speziellen Situationen ein Lebensmittel durch ein anderes ersetzen, ohne dass mit schwerwiegenden Nebenwirkungen zu rechnen ist: Anstatt Reis könnten wir auch Nudeln oder Kartoffeln essen. Es ist auch nicht nötig, dass ich diesen Blumenkohl esse, Brokkoli oder Fenchel böten sich ebenso gut an, weshalb ich zwar überhaupt etwas essen muss, soll ich keinen Schaden nehmen, es aber durchaus nicht absolut und eindeutig nötig ist, jetzt einen Blumenkohl oder eine Mango zu verspeisen. Selbst ein Diabetiker kann Zucker durch andere Süßstoffe ersetzen.

Auch unter der Voraussetzung, die Sicherung der Subsistenz sei im Leben meines Vaters ein Zweck gewesen, den er hätte verfolgen müssen, war es für ihn durchaus nicht notwendig, ausgerechnet *den* Job zu machen, den er in diesem Stahlwerk hatte. Dort hätte er andere Arbeiten ausführen oder sich eine vergleichbare Arbeit in einem ähnlichen Unternehmen suchen können (was wahrscheinlich einen Umzug erforderlich gemacht hätte). Auch den Versuch, einer ganz anderen Arbeit nachzugehen, hätte er unternehmen können, doch war es für ihn so oder so nötig, jedenfalls *einen* unter den *möglichen anderen* Berufen zu ergreifen, *die realistischerweise für ihn bereitstanden*. Aktien, Rentenpapiere oder größere Geldsummen hatte er nicht geerbt, auch besaß er keine anderen Erwerbsquellen (etwa einen Hof wie sein Bruder), die ihm ein Leben ohne Lohnarbeit erlaubt hätten. Und noch so viele Stellen für Anwälte, Zimmerleute, Akrobaten, Spanischlehrer oder Werkzeugmacher standen ihm in Wirklichkeit keineswegs offen – genauso wenig wie ein Dasein als Eisenbahnmechaniker in Schweden, Polen oder Italien.

Individuelle und soziale Notwendigkeit

Ein dritter wichtiger Punkt, der die Notwendigkeit von Arbeit betrifft, besteht darin, dass Arbeit für zwei unterschiedliche Akteure oder Quasi-Akteure in variierender Bedeutung »notwendig« ist. Sie ist sowohl für Individuen eine Notwendigkeit als auch für Gesellschaften als Ganze. Will ich essen, trinken und ein anständiges Leben führen, muss ich arbeiten. Doch besteht die Notwendigkeit von Arbeit auch für die Gesellschaft, der ich angehöre, in ihrer Ganzheit (wie immer dieses Ganze auch näher bestimmt wird). Lebensmittel müssen erzeugt, die Versorgung mit Getränken gesichert, Konsumgüter produziert werden, auch für unverzichtbare Dienstleistungen muss gesorgt sein, sollen wir alle überleben und ein einigermaßen akzeptables Leben führen können. Dass diese gesellschaftlich notwendige Produktion unabdingbar für annähernd jede uns bekannte Form individueller Arbeit ist, dürfte evident sein. Die Arbeit meines Vaters wäre unmöglich, in der Tat völlig sinnlos in einer Welt ohne Diesellokomotiven, Eisenbahnen und Stahlwerken gewesen, alles Dinge, die er selbst nicht produziert hat. Und obwohl im Gegensatz dazu vorstellbar wäre, dass mein Onkel oder jemand, der über entsprechende Fertigkeiten vorindustriellen Ackerbaus verfügte, seinen Hof ohne einen Traktor hätte bewirtschaften können, hätte seine Familie sicherlich ohne den Einsatz einer solchen Landmaschine nicht überlebt. Der Traktor war Produkt einer mechanisierten Gesellschaft, in der – wie noch hinzuzufügen wäre – außerdem die Notwendigkeit bestand, ihn in Serie zu produzieren. Über meinen Onkel zu sagen, es sei für ihn eine Notwendigkeit gewesen, sich selbst einen Traktor zu bauen, wäre Unfug. Dazu war er, selbst wenn seine Familie mitgeholfen hätte, so wenig in der Lage wie ich es bei einem Versuch wäre, auf den Flügeln meiner ausschwingenden Arme zum Mars zu fliegen.

Dass die Arbeit erledigt werden muss, ist für eine Gesellschaft folglich eine andere Notwendigkeit als diejenige, die ein Individuum nötigt zu arbeiten. In den meisten Gesellschaften, die es bisher gegeben hat, war es – soweit wir wissen – für einen Großteil der Menschen unmöglich, völlig untätig zu bleiben und nicht zur Subsistenzsicherung der Gruppe beizutragen, der sie angehörten. War es nicht physische Not, so reichte gewöhnlich eine Verbindung derartiger Zwänge mit verschiedenen Formen sozialen Drucks, um zu gewährleisten, dass jeder, der arbeiten konnte, seinen Beitrag zur sozialen Produktion und Reproduktion erbrachte. Einige Gesellschaften, etwa die des »real-existierenden Sozialismus«, wie sie sich in Osteuropa während der Zeit zwischen 1945 und 1989 finden ließen, praktizierten eine offizielle Politik, die darauf bestand, dass jedes Individuum an der gesellschaftlichen Produktion mitwirkte. Arbeitsverweigerung galt als Fall »sozialen Parasitentums«. Es war ein Straftatbestand, der durch eine Gesetzgebung gegen antisoziales Verhalten sanktioniert wurde. Gleichwohl wird es in den meisten menschlichen Gesellschaften zumindest einige Personen geben – sehr wohlhabende, privilegierte oder wie auch immer ausgezeichnete Einzelne –, die (faktisch, wenn nicht sogar prinzipiell) von der Notwendigkeit, arbeiten zu müssen, entbunden sind. Allerdings wird es sich um eine geringe Anzahl handeln, da die menschliche Arbeitskraft in vielen Gesellschaften eine knappe Ressource ist. Selbst diese reichen oder privilegierten Individuen bedürfen der Arbeit – nur ist es eben so, dass sie die Arbeit anderer in Anspruch nehmen, ohne deren Einsatz sie ihrerseits nicht überleben würden.

Die zwei Bedeutungen von »Notwendigkeit« fallen also auseinander. Arbeit ist insofern eine *soziale* Notwendigkeit als in jeder Gesellschaft (als Ganze betrachtet) gewisse Aufgaben erledigt werden müssen, soll diese Gesellschaft ihre Existenz aufrechterhalten. Dass sich jedes einzelne Mitglied dieser Gesellschaft individuell an der Abarbeitung solcher Aufgaben beteiligt, ist damit nicht gesagt. Also ist Arbeit nicht für jedes Individuum nötig, weil Ausnahmen für diejenigen bestehen, die über entsprechende Anrechte verfügen.

Gäbe es keine Bauern, Lastwagenfahrer und Eisenbahnen, würden Nahrungsmittel weder erzeugt noch verteilt, weshalb es eine soziale Notwendigkeit ist, dass jemand Landwirtschaft treibt. Dennoch besteht nicht für jeden Einzelnen die Notwendigkeit, Bauer zu sein oder auch nur gelegentlich als Bauer zu arbeiten.

Die beiden Bedeutungen von »Notwendigkeit« fallen aber auch in umgekehrter Hinsicht auseinander. Aus der Tatsache, dass Individuen arbeiten müssen, um überleben und ein einigermaßen akzeptables Leben führen zu können, folgt nicht, dass die Aktivitäten, die mir ein solches Leben ermöglichen, tatsächlich in jeder Hinsicht sozial notwendig sind. So ist zunächst festzuhalten, dass nicht *alles*, was produziert wird, der Herstellung von Dingen gilt, die in irgendeinem Sinne notwendig sind. Der Stahl, den das Werk produzierte, in dem mein Vater arbeitete, wurde hauptsächlich für Dosen und Behälter verwendet. Und obwohl Metallgefäße höchst nützlich sein können, sind nicht alle Arten von Behältern im strengen Sinne notwendig. Traditionell wurde zwischen notwendigem Bedarf und Luxusgütern unterschieden, beziehungsweise zwischen notwendigen Dingen (Nahrung und Wasser), angenehmen (Waschmaschinen) und luxuriösen (Straßburger Gänse, Opern, in Kalbsleder gebundene Bücher, Diamanten). Selbstverständlich ist die Unterscheidung zwischen Notwendigem, Angenehmem und Luxuriösem nie wirklich trennscharf, auch unterliegt sie ständigem historischem Wandel und ist abhängig von den jeweiligen gesellschaftlichen Umständen. Eine Waschmaschine etwa verwandelte sich während des Zeitraums zwischen 1950 und 1980 aus einem Luxusgut zu einem notwendigen Gebrauchsgegenstand. In einer Gesellschaft von mehrheitlich kleinen und unabhängigen Bauernhöfen werden diejenigen, die dort arbeiten, zwar auf irgendwelche Transportmittel angewiesen sein, um ihre landwirtschaftlichen Erzeugnisse etwa mit einem Pferd oder Fuhrwerk zur nächsten Bahnstation zu befördern, doch sind eigene Autos für die Bauern durchaus nicht notwendig. Errichtet man hingegen Fabriken weit außerhalb von Wohngebieten, wird der Besitz eines eigenen Wagens – stehen öffentliche Verkehrsmittel nicht zur Verfügung – zu einer Notwendigkeit für jeden, der in diesen Werken nach Beschäftigung sucht. Und dann gibt es noch die Produktion von Luxusgütern, die aufgrund ihrer Beschaffenheit weder notwendig noch besonders nützlich sind. Man denke an den Stahl, der in einigen Unternehmen eigens produziert wurde, um Autos mit Ornamenten zu versehen, wie zum Beispiel mit diesen ausgreifenden Kielflossen amerikanischer Straßenkreuzer, die in den 1960er Jahren auf den Markt kamen. Schon damals hielten sie einige für überflüssig und verschwenderisch, andere darüber hinaus auch noch für ästhetisch abstoßend. Wenn sie derart begehrt waren, lag der Grund wohl darin, dass sie unübersehbar sowohl teuer als auch nutzlos waren. Schließlich bleibt noch zu erwähnen, dass eine Reihe von Leuten der Notwendigkeit zu arbeiten dadurch genügen, dass sie Dinge produzieren, die nicht nur nutzlos und sozial unnötig sind, sondern geradezu schädlich. Die Tabakindustrie hat Tausende von Werktätigen über Jahrzehnte beschäftigt.

Geld und Kredit

In der Welt meines Vaters war Arbeit völlig monetarisiert. »Ich muss arbeiten« hieß »Ich muss für den Lebensunterhalt sorgen«, womit gesagt war: »Ich muss Geld verdienen«. In unseren Gesellschaften ist das Geld ein praktisch universal verwendbares Mittel zum Erwerb des für uns Notwendigen. Wahrscheinlich ist es kein absolut universales Instrument zur bedingungslosen Befriedigung all unserer Bedürfnisse – nicht auszuschließen, dass ich Liebe, Selbstachtung, Lebenssinn brauche, was mit Geld nicht zu kaufen ist –, doch trifft sicherlich zu, dass es in einer Gesellschaft wie der unsrigen seinen Zweck für ein sehr breites Spektrum anderer, basaler Bedürfnisse erfüllt. Für meinen Onkel in Indiana wird zunächst notwendig gewesen sein, seine Felder zu bestellen und abzuernten, weil auf ihnen eben der Mais wuchs, der sowohl direkt die Familienmitglieder ernährte als auch an die Tiere verfüttert wurde (die dann gegebenenfalls auch für den Fleischkonsum der Familie sorgten). Doch wurde auch Geld immer häufiger nötig, weil er Steuern zu zahlen hatte, Dünger und Benzin für die Landmaschinen kaufen, für die medizinische Versorgung seiner Tiere und Kinder aufkommen musste, wenn sie sich nicht wohl fühlten. Auch wenn Geld nicht so unmittelbar gebraucht wird wie Luft und Wasser, heißt dies nicht, das Bedürfnis nach Geldmitteln sei weniger real. In einer völlig durch Geldwirtschaft bestimmten Gesellschaft wie der unsrigen ist die greifbarste Gestalt, in der sich die Notwendigkeit, arbeiten zu müssen, für eine Mehrheit der Bevölkerung unmittelbar niederschlägt, die Notwendigkeit, Geld zu verdienen.

Obwohl Geld vielfach einsetz- und brauchbar ist, steht es keineswegs auf eigenen Füßen. Als das Haus meines Onkels niederbrannte oder der Kauf einer größeren Landmaschine anstand, war das, was nach seinem eigenen Ermessen nötig war, nicht Geld, sondern Kredit. Würde die Bank ihm die große Geldsumme vorschießen, die er brauchte (damit ein neuer Mähdrescher seine alten, defekten ersetzt, sodass er die Ernte einholen, das Getreide verkaufen und das eingenommene Geld verwenden könnte, um Essen, Kleidung und andere Notwendigkeiten des alltäglichen Bedarfs für seine Familie zu kaufen)? Seit der Finanzkrise im September 2008 kursiert der Gemeinplatz, Banken seien in sich verruchte Institutionen, die Kredite links wie rechts unbedacht vergeben, und unter Vernachlässigung etwaiger Risiken bereit, nahezu alles zu unternehmen, um das Volumen verliehenen Kapitals zu erhöhen. Allerdings war diese Praxis, historisch gesehen, eine Anomalie, herbeigeführt durch eine politisch gewollte Gesetzgebung, die den Finanzsektor massiv deregulierte und damit eine Situation schuf, die perverse Anreize für eine besonders verantwortungslose Kreditvergabe bereithielt. Zuvor, also vor dem Big Bang der Deregulierung, war den meisten Banken daran gelegen, verantwortlich mit den Risiken der Kreditvergabe insofern umzugehen, als sie ihr Geld ausschließlich an »kreditwürdige« Individuen und Unternehmen verliehen. Und bezeugt wurde diese Kreditwürdigkeit durch lange Jahre fleißigen Arbeitens, intelligentes Management, Sparsamkeit und die pünktliche Tilgung bestehender Darlehen. Also stellte sich die Situation für meinen Onkel so dar, dass er beharrlich weiter würde arbeiten müssen, um der Notwendigkeit Rechnung zu tragen, an dem Tag, an dem er ein Darlehen oder einen Vorschuss bräuchte, kreditwürdig zu sein (oder so zu erscheinen).

Angesichts meiner Beschreibung von Geld und Kreditwürdigkeit könnte man vielleicht meinen, die Praxis der Kreditvergabe verhalte sich derivativ oder sogar parasitär zum monetären System, sei gewissermaßen ein Appendix, der ihm wie eine Nachlese angehängt wurde.[1] So mag es uns aus verschiedenen Gründen vorkommen, doch muss die Ordnung – begrifflich wie historisch – in der Tat umgekehrt werden. Kredit und Kritikwürdigkeit sind nicht nur historisch älter, sondern logisch auch fundamentaler als das Geldsystem. Noch vor der Einführung von Geld werden sich Bauern, die aufgrund von Naturkatastrophen ihre Ernte eingebüßt hatten, an glücklich davongekommene Nachbarn mit der Bitte um Saatgut und Vorräte gewandt haben. Daran war dann ein Versprechen auf Rückgabe geknüpft, die in der Gestalt verschiedener Arbeiten auf den Feldern ihrer Kreditgeber abgestattet werde, wenn die Erntezeit komme. Waren Nahrung und Saaten tatsächlich knapp und kostbar, wird es für diejenigen, die daran keinen Mangel hatten, nur natürlich gewesen sein, ihr Gut nicht dadurch zu vergeuden, dass sie es Leuten überließen, die notorisch inkompetent, untätig oder unzuverlässig waren und deren Versprechen auf kompensatorische Hilfe in der Zukunft kein Vertrauen verdienten. Also besteht einer der Gründe dafür, dass ich zu arbeiten habe (und in meiner Arbeit auch wahrgenommen werde), darin, meinen Status als zumindest

1 Vgl. David Graeber, *Schulden. Die ersten 5000 Jahre*, Stuttgart 2022.

minimal kreditwürdig aufrechtzuerhalten, denn ohne Kreditwürdigkeit warten in einer unsicheren Welt erhebliche Risiken auf mich, sollte ich einmal in Schwierigkeiten geraten. Da der Schein beharrlichen Einsatzes, von Pflichttreue und Solidität trügen kann, lässt sich die Kluft zwischen Wirklichkeit und Selbstinszenierung von Skrupellosen ausnutzen, weshalb die Kreditgeber in vielen Gesellschaften spezielle Vorkehrungen treffen, bevor sie Leuten, die sie nicht gründlich durchleuchtet haben, irgendwelche Geldmittel zur Verfügung stellen.

Die Notwendigkeit, arbeiten zu müssen, manifestiert sich unmittelbar darin, dass ich Geld verdienen muss. Doch ist Geld an sich rein instrumentell: Es ist Mittel par excellence. Niemand kann es essen – von Bedeutung ist es nur in seiner Verwendung für das, was mit ihm gekauft werden kann. Ein Pfennigfuchser mag Geld um des Geldes willen anhäufen, doch ist Geiz, klassisch verstanden, also das Horten von immer mehr Geld, das gar nicht ausgegeben werden soll, schlicht eine psychologische Perversion. Der herkömmliche Geizhals, etwa Molières Harpagon, unterscheidet sich deutlich von moderneren Nachfahren, die ihm nur oberflächlich ähneln, etwa dem milliardenschweren »Investor«, der bestrebt ist, Geld (in Gestalt von Unternehmensanteilen, festverzinslichen Papieren, Kreditlinien und anderen, noch komplexeren Finanzprodukten) unbegrenzt zu vermehren. Der Unterschied besteht darin, dass der Milliardär nicht mehr Geld will, um es zu horten, sondern um die größer werdenden, finanziellen Druckmittel in der Absicht einzusetzen, seine Macht und seinen Einfluss zu mehren. Einfach nur zu horten, führt in der Regel keineswegs dazu, Kontrolle über etwas zu gewinnen. Man könnte daher sagen, dass Geiz oder Habsucht in die Welt des unmittelbaren Konsums gehört, der stets natürliche Grenzen hat: Wie viele Kilo Kartoffeln kann eine Person (ihre Familie und Freunde) am Ende verspeisen? Uns allen sind die traurigen Fälle bekannt, in denen Leute ihr ganzes Leben damit verbringen, zu arbeiten und zu sparen, nur um schließlich im Besitz eines gut bestückten Kellers mit Weinen zu sterben, die sie deshalb nicht getrunken haben, weil sie die Flaschen sammeln wollten (womöglich nicht einmal mit dem Gedanken, sie tatsächlich zu entkorken, sondern nur aus dem unstillbaren Verlangen nach Schatzbildung). Der Geizige verletzt ein basales Gebot, das in einem einfachen System von Arbeit und Konsum gilt, indem er Geld radikal aus dem Verkehr zieht. Das in unseren Tagen zu beobachtende Verlangen nach unbegrenzter Ausweitung eigener finanzieller Macht, die einem gegebenenfalls gestattet, Zeitungen und Radiostationen zu kaufen, Politiker und Rechtsanwältinnen scharenweise für sich einzunehmen, Forschungsinstitute einzurichten, die Gesetzgebungsverfahren zum Vorteil der eigenen Interessen lancieren, Lobby- und Öffentlichkeitsarbeit zu finanzieren usw., hat noch keinen Eigennamen, doch gehört es in einen ganz anderen Kontext. Was immer es sein mag, so ist es, wenn es eine Perversion wäre, keine im Sinne des althergebrachten Geizes. Mit Konsum hat dieses Verlangen nichts zu tun, vielmehr strebt es nach mehr und mehr Einfluss, und stellt als solches eine Art rationaler Widerspiegelung grundlegender Imperative unseres Wirtschaftssystems dar.

Weil es vielen so vorkommen muss, als sei der unmittelbare Zweck der Arbeit der Gelderwerb, Geld aber keinen eigenen Wert besitzt, sondern grundsätzlich von bloß instrumenteller Bedeutung ist, liegt es nahe, auch Arbeit mit dem rein Instrumentellen in Verbindung zu bringen. Dann scheint sie ihrer Eigenart nach etwas zu sein, das wir nicht um ihrer selbst willen tun, sondern um etwas zu erwerben. In der Terminologie, wie sie die Philosophen entwickelt haben, wäre dementsprechend festzustellen, Arbeit sei immer nur Mittel zum Zweck, jedoch nie Zweck an sich selbst.

Von einer ersten Pervertierung der Zweck-Mittel-Beziehung war bereits die Rede, anlässlich des Lasters, als das auch die Philosophen die Habsucht angesehen haben. Eine andere Verkehrung der Zweck-Mittel-Relation diagnostizierte Marx im 19. Jahrhundert, als er sich mit der Natur von Arbeit unter kapitalistischen Produktionsbedingungen beschäftigte.[2] Marx nahm an, die natürliche Lage der Dinge sei, dass Menschen arbeiten, *um zu leben*. Sie führen strapaziöse und der Tendenz nach unangenehme Tätigkeiten aus, damit sie ein Leben voller variierender Aktivitäten führen können: Sie beseitigen beispielsweise den Unrat aus dem Haus, sodass es einen angenehmen Ort gibt, wo gespielt, studiert, gegessen und geselliger Umgang gepflegt wird. Wie stets bei Marx kommt es auf die Vielfalt und Abwechslung der Aktivitäten an, insbesondere jedoch darauf, wie diese Tätigkeiten im Hinblick auf die zukünftige Entwicklung menschlicher Fähigkeiten miteinander verbunden sind. Die Angehörigen des Proletariats waren im 19. Jahrhundert demgegenüber dazu genötigt zu leben, *um zu arbeiten*, anstatt umgekehrt zu arbeiten, um zu leben. An der freien Entfaltung ihrer Vermögen waren sie gehindert. Schonungslos mussten *alle* Aktivitäten ihres Lebens dem einzigen Zweck der Arbeit untergeordnet werden. Da es sich um eine Verkehrung der natürlichen Teleologie handelte, war es zutreffend, diesen Umstand eine »Perversion« zu nennen. Im späten 20. Jahrhundert wurde ein verwandter Gedanke aus dem Feld der Sozialkritik verbannt und zu einer Angelegenheit der Individualpsychologie erklärt, womit sich gewisse Leute als *workaholics* identifizieren ließen. Ihnen attestierte man eine pathologische Abhängigkeit von einem Tun, das zwar ein sicherlich

2 Karl Marx, »Die entfremdete Arbeit«, in: *Ökonomisch-philosophische Manuskripte* (1844), in: Marx-Engels-Werke, Ergänzungsband 1, Berlin 1960, S. 510–522.

gewichtiger, jedoch in seinen Grenzen zu haltender Teil des menschlichen Lebens sei.

Objektivität

Das dritte Hauptelement im Konzept von Arbeit betrifft den Umstand, dass ein Produkt existiert, welches vom Produktionsprozess abgetrennt und unabhängig von etwaigen Einstellungen und Absichten derer, die es herstellen, unter ganz eigenen Gesichtspunkten bewertet werden kann. Offensichtliche Beispiele für ein derartiges Produkt sind physische Gegenstände: Maiskolben, Weizenbündel, Wassermelonen, die auf Felder wachsen und geerntet werden, oder die Stahlplatten, die ein Eisenhüttenwerk produziert. Doch so wie »Anstrengung« zunächst eine Eigenschaft körperlicher Aktivitäten erfasst, um sonach zur Charakterisierung mentaler oder moralischer Bemühungen verwendet zu werden, kann »ein Produkt herstellen« nicht nur die Herstellung eines physischen Gegenstands bezeichnen, etwa einer Metallplatte, sondern einen viel abstrakteren Vorgang, etwa das Schreiben eines Buches, die Komposition eines Musikstücks, die Konstruktion eines Arguments oder Theorems, die Regieführung bei einem Theaterstück.

Güter und Dienstleistungen

Einige Ökonomen unterscheiden zwei Arten von Arbeit: die Herstellung von Gütern und die Bereitstellung von Dienstleistungen. Selbst Regieführung im Theater lässt sich als Produktion betrachten, kommt schließlich doch eine Aufführung zustande, die zu einem bestimmten Zeitpunkt stattfindet und ein eigenständiges Objekt von Bewertung sein kann. Im Gegensatz dazu wäre eine Dienstleistung die Art von Arbeit, die eine Physiotherapeutin, ein Astrologe oder jemand bewerkstelligt, der Autos wäscht. In Fällen von Dienstleistung mag eine Veränderung von Zuständen eintreten – ein schmutziges Auto wird sauber; ein Mensch, der sein Bein nicht mehr beugen kann, wird in die Lage versetzt, es wieder zu bewegen; eine Person, die Zukunftsängste plagen, genießt erneuertes Selbstvertrauen (auch wenn wir es für unbegründet halten) –, allerdings entsteht kein separates Produkt.

Offenkundig ist die Unterscheidung zwischen Gütern und Dienstleistungen nicht besonders trennscharf. Der Perückenmacher arbeitet, indem er eine Perücke (ein Gut) anfertigt, doch geht ein Friseur, der Haare wäscht und schneidet, ebenfalls einer Arbeit nach. Auch eine Stylistin ist bei der Arbeit, wenn sie etwas, das sie vorfindet, in attraktive Form bringt. Wir könnten sogar behaupten, ein Image-Berater, der nichts anderes tut, als ein paar ziemlich allgemeine Gespräche über Fragen des äußeren Erscheinungsbildes und gesellschaftlicher Gepflogenheiten zu führen, arbeite (»In *wirklich* modischen Zirkeln trägt man es gerade so.«). Damit soll, was Stylisten oder Image-Beraterinnen tun, weder abgewertet noch gar verunglimpft und erst recht kein Grund für die Behauptung geliefert werden, deren Tätigkeiten könnten nicht als Arbeit zählen.

Wie unscharf und porös die Unterscheidung zwischen Gütern und Dienstleistungen angesichts des Umstands ist, dass es graduelle Übergänge zwischen beiden gibt, wird auch greifbar, bedenkt man, dass die Arbeit meines Vaters insofern zum Dienstleistungssektor gehörte, als er durch sein direktes Tun nichts zur Stahlerzeugung beitrug. Weder hat er das Eisenerz zum Glühen gebracht noch das aus ihm gewonnene Eisen oder den entstandenen Stahl in seinen je verschiedenen Ausgestaltungen von einer Lokalität zu einer anderen transportiert, wie es die Gabelstapelfahrer, die Lokomotiv- oder Kranführer getan haben. Vielmehr hat er die Maschinen bedient, sie regelmäßig inspiziert, ihr Funktionieren sichergestellt und bei Störungen wieder in Ordnung gebracht. Wichtig war, dass eine enge, unverkennbare und objektive physikalische Verbindung zwischen dem bestand, was er tat, also zwischen der Funktionstüchtigkeit der Lokomotiven und Kräne auf der einen und dem angesteuerten Resultat auf der anderen Seite, das heißt der Produktion großer Stapel und Rollen gewalzten Stahls, mit denen Lastkähne und Güterwaggons beladen wurden zur Ausfuhr an Orte, wo sie in industriellen Fertigungsprozessen weiterverarbeitet wurden.

So ließe sich, dank einer Reihe kleiner, aufeinander aufbauender Schritte eine Sequenz konstruieren, die mit dem Arbeitsplatz meines Vaters beginnt, den wir einen Augenblick lang als Paradigma für Arbeit nehmen werden. Gehen wir davon aus, dass seine Tätigkeit darin besteht, einen defekten Kran zu reparieren.

(1) Bei seiner Arbeit folgt mein Vater einer objektiven Vorgehensweise, was besagt, dass er offenkundig gewisse Bestandteile des Krans bearbeitet, konkret und keineswegs willkürlich, sondern nach mehr oder weniger vorgegebenen Regeln. Sie ließen sich aufschreiben, sodass ihnen auch ein anderer Mechaniker mit dem Resultat folgen könnte, dass der Kran wieder funktioniert. Aufgrund identifizierbarer weiterer mechanischer Schritte wird der Produktionsprozess dann bis zu seinem Zielpunkt fortgesetzt, an dem die gewalzten Stahlplatten schließlich gestapelt oder gerollt werden können.

Unsere nächste Annahme betrifft den Fall, bei dem nicht der Kran beschädigt ist, sondern sich der Kranführer verletzt, nämlich in den Finger geschnitten hat.

(2) Auch die zuständige Krankenpflegerin für das Werk (oder in ernsteren Fällen die Werksärztin) gehorcht einer objektiven Vorgehensweise, wenn sie die Wunde reinigt, einen

Verband anbringt und eine Tetanus-Impfung verabreicht. Wie sie vorgeht, ließe sich wiederum festhalten und entspricht mehr oder weniger den Verfahren, die jeder andere Krankenpfleger oder jeder andere Arzt ebenfalls anwenden würde. Verläuft alles gut und komplikationslos, wird der Kranführer seine Arbeit mit dem Ergebnis wieder aufnehmen können, dass die Produktion fortgesetzt wird.

Wäre die Verletzung schwerwiegender und nicht vor Ort zu versorgen, würde der Kranführer wahrscheinlich nach Hause geschickt und an diesem Tag durch einen anderen Arbeiter ersetzt. Was danach passierte, hängt von dem speziellen, jeweils herrschenden sozio-ökonomischen Regime ab: entweder käme der Kranführer in ein Krankenhaus oder er würde in einen (bezahlten oder unbezahlten) Zwangsurlaub nach Hause geschickt, eventuell würde man ihn auf Zeit freistellen, unter Umständen wegen Unvermögens sogar entlassen, je nach Situation und arbeitsgesetzlichen Regelungen. Die Betriebsleitung wiederum würde von einem Mechaniker erwarten, dass er nahezu *alles* unternimmt, um den Kran zu reparieren und nicht stillzulegen, handelt es sich doch um ein kostspieliges Bestandstück des firmeneigenen Fuhrparks. Der Kranführer, seinerseits durchaus weniger wertvoll, ist lediglich ein einzelner Fabrikarbeiter aus einem möglicherweise größeren Pool qualifizierter Mitarbeiter. Sich womöglich leisten zu können, die Produktion für die Zeit seiner Genesung zurückzufahren, käme der Firma sicherlich nicht in den Sinn. Allerdings sollten wir unser beschränktes Wissen um die Dinge, die praktisch passieren könnten, wenn sich ein Kranführer verletzt, jetzt einklammern und die Arbeitssituation eine Spur abstrakter betrachten.

Der dritte Fall in unserer Sequenz bringt den Physiotherapeuten ins Spiel, der eine Dienstleistung (die Arbeit ist) bereitstellt, sollte der Kranführer etwa an einer Muskelverletzung oder langwierigen Zerrung leiden:

(3) Der Physiotherapeut behandelt den Körper des Kranführers mit einer Reihe identifizierbarer Maßnahmen, die, wenn seine Behandlung gut verläuft, im Resultat dazu führen, dass er seine Glieder wunschgemäß bewegen, mithin wieder am Produktionsprozess teilnehmen kann.

An dieser Stelle ließen sich weitere Dienstleistungen auflisten, die zwar zunehmend weniger produktiv in direkter Hinsicht sind, für die Produktion jedoch wesentlich, wie beispielsweise die Tätigkeit von Industriereinigern (die mein Onkel erledigt hatte). Dem Reinigungspersonal ist, anders als man vielleicht glaubt, nicht vorrangig an Sauberkeit und Schönheit gelegen, sondern daran, Hindernisse zu beseitigen, die reibungslose Abläufe in der Fabrik blockieren: Schutt, an dem sich die Arbeiter verletzten, vergossene Flüssigkeiten, die sich entzünden, Berge weggeworfener, verdorbener oder beschädigter Abfallprodukte, die den Gabelstaplern ihre Wege verbauen könnten. Nach unbestimmt zahlreichen weiteren Einträgen in die Liste solcher Dienstleistungen landet man

(*n*) bei einem Zeitpunkt in der Vergangenheit, an dem ein Lehrer, der seinerseits Vorgaben im Curriculum der Schule ausführt, meinem Vater (mehr oder weniger), dem Kranführer, der Krankenpflegerin und dem Physiotherapeuten das Lesen und Rechnen beibringt, wodurch er sie dazu befähigt, verschriftlichte Instruktionen zur Überwachung und Reparatur von Maschinen (im Fall der beiden Ersten), zur Behandlung geringfügiger Gebrechen und Verletzungen des menschlichen Körpers (im Fall der beiden Letzteren), nachzuvollziehen – mit dem Resultat, dass eine mechanisierte Form der Produktion unter einer Vielzahl unterschiedlicher Rahmenbedingungen überhaupt in Gang kommen und fortgesetzt werden kann, nachdem sie unterbrochen wurde.

Wir könnten allerdings auch annehmen, dass sich der Kranführer gar nicht in die Hand geschnitten oder einen Muskel gezerrt hat, sondern unter Anfällen von Depression leidet, die ihn daran hindern, zur Arbeit zu kommen oder seine Arbeit, falls er dennoch erscheint, effizient und sorgfältig auszuführen, weshalb er eine Psychotherapeutin konsultiert:

(n+ε) Die Psychotherapeutin behandelt die Depression des Kranführers gemäß unterschiedlicher Therapiemethoden, der Verschreibung von Medikamenten, einer Verhaltenstherapie oder einer traditionellen Psychoanalyse, sodass er, schlagen die Therapien an, die Arbeit wiederaufnehmen kann, weil er seine Depression in den Griff bekommt.

Wenn wir die imaginierte Sequenz fortschreiben, könnten wir versuchen, nächste Schritte einzubeziehen, die weiter entfernt vom Ausgangsparadigma eines direkten Beitrags zur unmittelbaren Produktion von Gütern liegen, und landen bei

(Ω) einem Priester (Geistlichen, Imam, Rabbiner, Guru, Bonzen oder Kantianer), der Arbeitern und ihren Familien religiösen Trost spendet. Indem er zu vermitteln sucht, ihr Dasein habe – wider allen Anschein – durchaus Sinn und Bedeutung, sorgt er für generelle Handlungsorientierung und ermutigt die Angesprochenen dazu, ihrer Arbeit pflichtbewusst nachzugehen. Fällt sein Predigen auf fruchtbaren Boden, bewahrt er die Arbeiter sowohl davor, Selbstmord zu begehen, als auch davor, Opfer todbringender Lethargie oder selbstzerstörerischen Leichtsinns zu werden. Im Resultat derartiger Bemühungen kann die Produktion fortgesetzt werden.

In dieser Sequenz sind die einzelnen Schritte zunehmend weiter voneinander auf einer Skala entfernt, die verschiedene Dimensionen umfasst. Anstatt eine Angelegenheit rein mechanischer Zusammenhänge zu sein, stellt sich die Verbindung zwischen der Arbeit und ihrem Ergebnis immer vermittelter durch mentale, psychologische und einstellungsbezogene Faktoren dar. Folglich büßt die Verbindung zwischen jeweiliger Tätigkeit und dem produzierten Objekt an Sichtbarkeit ein, was bedeutet, dass sie sich leichter simulieren oder vortäuschen lässt.

Damit soll keinesfalls gesagt sein, dass zu der Verbindung zwischen meinem Vater und den Bewegungen, die er in der Absicht ausführt, den Kran zu reparieren, keine mentalen oder psychologischen Komponenten gehören. Steckt man den Beobachtungsrahmen weit genug, ist es selbstverständlich auch für einen Mechaniker notwendig, seine fünf Sinne beim Auftreten irgendwelcher Komplikationen beieinander zu haben. Während das, was ein Mechaniker unternimmt, um die Produktion am Laufen zu halten, etwa darin besteht, ein bestimmtes Maschinenteil zu bewegen, führt der religiöse Spezialist gewisse religiöse Zeremonien und sakrale Gesten aus, damit die Dinge in Bewegung kommen. Seine Gemeinde muss er so ansprechen, dass sich ausreichend viele Mitglieder verstanden und dazu motiviert fühlen, am nächsten Werktag wieder frisch bei der Arbeit zu erscheinen – vielleicht nicht gerade eifrig, aber doch gewillt zur Wiederaufnahme ihrer Berufstätigkeit.

Eine weitere Komponente der Objektivität, die uns beschäftigt, ergibt sich aus der Annahme, dass ein Prozess, der »objektiv« ist, zu einem Resultat führt, das vorhergesagt und reproduziert werden kann. Also ist ein derartiges Resultat weder einmalig noch ein bloß zufälliges Ergebnis. Außerdem entspringt es auch nicht einer irgendwie magischen Beziehung, die ein spezielles Individuum zum Produktionsprozess unterhält. Geht man unsere Beispiele durch, lassen sich die jeweils angewandten Verfahrensweisen zunehmend weniger auf ausformulierbare Regeln bringen, gar kodifizieren und in stabile Routinen überführen. Sie zu reproduzieren, würde jemand anderem zunehmend schwerer fallen (folglich sind die Verfahren weniger »objektiv«).

Autotelisches

Selbst wenn einleuchtet, dass sich eine solche Schritt-für-Schritt-Abfolge konstruieren lässt, scheint es doch ein bisschen abwegig zu sein, in Tätigkeiten wie derjenigen, einem Kind das Lesen beizubringen oder Leidtragende zu trösten, ausschließlich Mittel zur Verfolgung eines einzigen Zwecks zu identifizieren. Wird zudem angenommen, besagter Zweck bestünde notwendigerweise darin, die Fortführung oder Ausweitung des Produktionsprozesses sicherzustellen, scheint man erst recht auf einem Holzweg zu sein. Schon die Vorstellung, dass ich mich um meine Gesundheit und die Beweglichkeit meiner Gliedmaßen kümmere, *um Stahlplatten herstellen zu können*, ist einigermaßen bizarr. In dem Gedanken, dies sei der *einzige* Grund für meinen Wunsch nach gesundheitlicher Genesung, steckt eine tiefsitzende Verdrehung. Das Nonplusultra einer solchen Abirrung bringt Heine in seinem Gedicht *Das Sklavenschiff* zum Ausdruck.[3] In Heines Gedicht entdeckt ein Sklavenhalter, dass viel zu viele der im Laderaum seines Schiffes eingesperrten und zur Bewegungslosigkeit verdammten Sklaven während der Überfahrt an »Melancholie« versterben. Also zwingt er sie an Deck, wo sie singen, tanzen und ausgelassen sein sollen, denn

> »bleiben mir nicht dreihundert Stück,
> So ist mein Geschäft verdorben.«

3 Heinrich Heine, »Das Sklavenschiff«, in: *Sämtliche Schriften*, Bd. 11, Schriften zwischen 1851–1855, Gedichte, hrsg. von Walter Klar, Frankfurt am Main, Berlin, Wien 1981, S. 199.

Hier wird den Sklaven die Befriedigung der vollkommen natürlichen menschlichen Bedürfnisse nach Sonne, Bewegung, Aktivität und Spiel aufgezwungen, *allein* um sie schließlich in lebenslange Zwangsarbeit zu verkaufen.

Praktisch alle Philosophen waren der Überzeugung, jemand, der sich seine Seelenruhe wünsche, nur um arbeiten zu können, läge entweder gründlich falsch oder sei mutmaßlich verwirrt, wenn nicht gar geistesgestört. Hat man eine ausgeglichene Psyche, mag *ein* Effekt davon sein, arbeiten zu können, weshalb es nicht falsch ist zu sagen, man wolle gesund werden, um wieder arbeiten zu können. Allerdings wäre es in einem nichtpervertierten Staat doch so, dass ein Mindestmaß an seelischer Gesundheit als Wert an sich betrachtet würde – ganz unabhängig von möglichen anderen Wirkungen, die eine solche Gesundheit nach sich zieht. Tatsächlich könnte man sogar die Ansicht vertreten, es sei überhaupt sinnlos, die Frage zu stellen, was der Wert seelischer Gesundheit ist. Jedenfalls war seelische Gesundheit für die Philosophen fraglos *autotelisch*, das heißt ein Zweck an sich selbst. Einige Philosophen, etwas Platons Sokrates, würden noch weiter gehen und behaupten, für menschliche Lebewesen gäbe es gar keine höhere autotelische Angelegenheit (keinen höheren Zustand) als seelische Gesundheit.[4] Wenn wir die Welt allein unter dem Blickwinkel von Individuen betrachten, dann scheint Produktion, die Herstellung von Gütern, jedenfalls nicht der letzte mögliche Horizont des Nachdenkens über das Leben zu sein.

4 Siehe Platon, *Apologie des Sokrates*. Griechisch/Deutsch, übersetzt und herausgegeben von Manfred Fuhrmann, Stuttgart 1986, 29e–30b und 36c.

2 Die Organisation von Arbeit

»Arbeit« in der Bedeutung, die uns interessiert, ist eine soziale Kategorie. Gemeint ist damit, dass die Weise, in der Arbeit gesellschaftlich organisiert wird, kein ihr bloß äußerlicher Umstand ist, sondern ein Tatbestand, der eine detaillierte Untersuchung verlangt. Dieses Kapitel hat deshalb zwei Abschnitte. Zunächst werde ich etwas darüber sagen, wie wir – in zeitgenössischen westlichen Gesellschaften – die Organisation von Arbeit reflektieren, danach möchte ich historische Alternativen zu dieser Betrachtungsweise vorstellen.

In unserer Welt

Berufe

Im ersten Kapitel habe ich mich mit zwei Kategorien beschäftigt, nach denen »Arbeit« unterteilt wird, das heißt mit der Unterscheidung zwischen Gütern und Dienstleistungen, wobei präziser zu sagen wäre, dass es sich um zwei eingespielte Kategorien zur Spezifizierung von »Beschäftigung« handelt. »Arbeit« und »Beschäftigung« sind allerdings nicht dasselbe, obwohl sie miteinander in Verbindung stehen.

Arbeit in der modernen Welt hat zwei soziale Merkmale, die sie von Arbeit zu anderen Zeiten und an anderen Orten unterscheiden. Zunächst ist moderne Arbeit typischerweise Berufstätigkeit, wobei »der Beruf« eine höchst ausdifferenzierte, soziale Institution ist. Wer einem Beruf nachgeht, erfüllt regelmäßig und wiederholt eine spezielle Funktion, gewöhnlich zu festgelegten Arbeitszeiten, die genauso wenig

Gegenstand eigener Wahl sind, wie der separate Arbeitsplatz. Diese Arbeit ist nichts, dem man einfach so nachgeht, keine irgendwie nötige Anstrengung, die ein rein instrumentelles Ziel verfolgt, wie etwa Kochen, Reinigen oder das Umgraben eines Gartens. Selbstverständlich handelt es sich bei diesen Tätigkeiten um Arbeit, unter Umständen können sie ihrerseits auch wieder Berufstätigkeiten sein, allerdings nicht in der vollen und ausdrücklichen Bedeutung, in der das Wort verwendet wird. Wenn Eltern einen Heranwachsenden auffordern, »sich einen Beruf zu suchen«, ist damit in der Regel nicht gemeint, »eine (zufällig und nicht weitere spezifizierte) anstrengende Tätigkeit mit dem Ziel auszuführen, etwas in der Welt zu bewerkstelligen«, selbst wenn das Bewerkstelligte nützlich und notwendig ist. Der Heranwachsende übt keinen Beruf aus, wenn er sich freiwillig einer Gruppe anschließt, die während eines Nachmittags, an dem die Wasser steigen, etwas so Wesentliches tut wie Dämme bauen. Berufstätig wäre er auch nicht, würde er unter militärischem Oberbefehl in Zeiten zivilen Aufruhrs Munition transportieren. Einem Beruf geht man demgegenüber nach, wenn man etwas *regelmäßig*, wiederholt und nach einem vorgegebenen Zeitplan bewerkstelligt – man übt kontinuierlich eine soziale Rolle aus, kellnert in einem Restaurant, lotst Schiffe in einen Hafen, bohrt Löcher in die Zähne von Patienten. Büroangestellte pflegten montags bis freitags von »9 bis 5« zu arbeiten, und das Stahlwerk, in dem mein Vater arbeitete, hatte drei Schichten (sieben Tage die Woche von 8:00 bis 16:00, 16:00 bis 24:00 und von 24:00 bis 8:00) mitsamt ausgeklügelten Vorkehrungen für den Beginn wie das Ende des jeweiligen Schichtbetriebs. In vielen Fabriken gab es Stechuhren, wo man sich bei Arbeitsbeginn einstempeln und am Ende des Arbeitstages ausstempeln musste. Wer sich nicht eingestochen hatte, wurde nicht entlohnt. Schließlich drehte sich das Fabriksystem um rigorose Kontrolle von Raum (des

Arbeitsplatzes), Zeit (des Arbeitstags) und Bewegung (derjenigen von Materialien und derjenigen von Menschen, die sie bearbeiteten). Also ist der Beruf eine Form kontinuierlicher und strukturierter gesellschaftlich anerkannter Beschäftigung. Während sich Arbeit prinzipiell in nahezu ausschließlich physischen oder in physischen nebst moralischen Begriffen fassen lässt, ist der Beruf sowohl eine soziale Struktur als auch eine soziale Erfindung.

Das zweite Merkmal von Arbeit in Gesellschaften wie der unsrigen ergibt sich aus dem Umstand, dass wir – obwohl es anerkannte Jobs gibt, die unbezahlt sind, etwa die von Freiwilligen, die in Second-Hand-Läden von Wohltätigkeitsorganisationen manchmal sogar in Vollzeit arbeiten – unausgesprochen unterstellen, eine ordentliche Berufstätigkeit werde bezahlt. Das ist, wie bereits erwähnt, einer der Gründe dafür, warum etwa Hausarbeit oder die Betreuung von Kindern, beides zweifelsohne sowohl kraftzehrend als auch notwendig und in seinen Resultaten so objektiv wie nur denkbar, nicht als die Ausübung eines Berufs angesehen werden. Als Aktivitäten fehlt ihnen die richtige Struktur, sie lassen sich nicht in hinreichend unterscheidbare Aktivitätspakete zerlegen: die Tätigkeit, einen Haushalt in Ordnung zu halten oder sich um ein Kind zu kümmern, ist *niemals* erledigt; sie hat keinen identifizierbaren Anfang und kein Ende; es ist auch nicht erforderlich, sich dazu an einen eigens separierten und als solchen gekennzeichneten Arbeitsplatz zu begeben. In der überwiegenden Mehrheit der Fälle werden diese Tätigkeiten auch nicht entlohnt, abgesehen von vergleichsweise wenigen Fachkräften, die aus ihnen einen Beruf *machen* (wie es bei Tagesmüttern respektive bei Köchen der Fall ist).

Es ist nicht nur so, dass Arbeit in unseren Gesellschaften vorrangig als etwas betrachtet wird, das in strukturierte Berufe aufgegliedert ist, vielmehr werden diese Berufe auch hierarchisiert, in eine Rangfolge von Typen regulärer und definierter Beschäftigung gebracht: Es gibt (bloße) Jobs, Karrieren, Professionen und Berufungen. Diese Hierarchie legt Status und Ansehen fest, schlägt sich aber auch in der Sprache nieder, die verwendet wird, wenn von der Vergütung für die verschiedenen Beschäftigungsarten die Rede ist: eine Person, die einen Job hat, erhält eine Bezahlung oder Lohn; jemandem mit einer Karriere wird ein Gehalt überwiesen, und die Höhergestellten nehmen Bezüge, Gagen oder Aufwandsentschädigungen in Empfang. Weil diese Hierarchisierung ein bedeutsames Merkmal der Arbeit ist, die wir kennen, dürfte es sinnvoll sein, ihre Struktur einen Moment lang zu bedenken.

Insoweit uns in diesem Abschnitt eher strukturierte Beschäftigung denn Arbeit im Allgemeinen interessiert, dürfen wir die Kategorien von Leuten zurückstellen, die eindeutig anstrengenden und notwendigen Tätigkeiten nachgehen, jedoch nicht in das hierarchische Schema passen. Dabei handelt sich in erster Linie um Personen (zumeist Frauen), die harte, wiewohl unbezahlte Arbeit leisten, wenn sie den Haushalt versorgen, Kinder betreuen, die Alten pflegen und vergleichbare »häusliche« Aufgaben erledigen. Außerdem gehören, soweit es sie überhaupt noch gibt, kleine Landwirte, die nur für ihren eigenen Lebensunterhalt sorgen, Jäger und Viehhüter dazu, die von dem leben, was sie anbauen, erlegen und hüten. Schließlich sind noch Leibeigene und Hilfskräfte zu nennen, die vielleicht irgendeine Vergütung erhalten, jedoch nicht in Geld. Diese Gruppen fallen aus der Rangordnung heraus, sind mithin gesondert zu betrachten. Auch regelrechte Sklaven, unterhalb der Hierarchie, sind kein Teil des Systems.

Sklaven, Leibeigene und in Abhängigkeit gehaltene Arbeitskräfte bilden ohne Frage eine in der Weltwirtschaft insgesamt bedeutende Gruppe. Sie findet sich sogar in fortgeschrittenen Volkswirtschaften, auch wenn ihre Existenz dort offiziell nicht anerkannt oder sogar gesetzlich untersagt ist. Wir neigen dazu, Sklaven gar nicht erst »zu sehen«, haben uns insbesondere an den Gedanken gewöhnt, die Sklaverei sei – einmal abgesehen von metaphorischen Wendungen (Lohnsklaverei, ein Sklave seiner Leidenschaften) – in der modernen Welt abgeschafft, obwohl zahllose Berichte das Gegenteil bezeugen. Überall werden Frauen in den Sexindustrien der Welt versklavt (sogar im strengsten Sinne des Wortes), und in der Landwirtschaft kommen europaweit Arbeitskolonnen von Leibeigenen und anderen in Abhängigkeit gehaltenen Hilfskräften häufig zum Einsatz. Sichtbar werden sie allerdings nur selten, so etwa als vor einigen Jahren eine Gruppe chinesischer Zwangsarbeiter in der Bucht von Morecambe, also in Großbritannien, ertrank. Dass es sich bei solchen Zwischenfällen lediglich um die Spitze des Eisbergs handelt, ist zuverlässigen Reportagen zu entnehmen.

Kein Zweifel kann daran bestehen, dass ein Sklave arbeitet. In gewissen Gesellschaften vergangener Zeiten, beispielsweise im alten Rom, mag es eine Handvoll Sklaven gegeben haben, die lediglich ausgestellt wurden, um das Ansehen ihrer Halter zu mehren, während der Rest mühevollere Aufgaben bewältigte. Heutzutage sind Sklaven dazu da, um zu arbeiten, faktisch für nichts anderes. Auch Sklaven mögen Rationen zugeteilt werden, die sie lebens- und arbeitsfähig halten, jedoch bekommen sie definitionsgemäß keine Vergütung, erst recht kein Geld. Sklaven arbeiten und können einer Beschäftigung nachgehen (als Koch, als Feldarbeiter, als Stallknecht, in der alten Welt sogar als Polizist, Arzt oder Bergmann) oder bestimmte Funktionen ausfüllen, doch können sie nicht arbeitslos (oder berufstätig) sein, einfach weil sie keinen Beruf in seiner üblichen Bedeutung haben. Sie sind an der untersten Stufe in der Hackordnung definierter Beschäftigungen angesiedelt. Für sie gibt es weder festgelegte Arbeitsbedingungen noch einen Arbeitslohn. Nichts dergleichen.

Nur einen Fingerbreit über der Sklaverei, gerade einmal in Reichweite der untersten Sprosse auf der Beschäftigungsleiter, ist verortet, was »Zeitarbeit« genannt wird, das heißt Gelegenheitsarbeit, eine unreglementierte, zufällige, stets befristete Form der Beschäftigung. Damit kommen Personen in den Blick, die einer entlohnten Beschäftigung allenfalls für eine gewisse Zeit nachgehen, deren Arbeit jedoch nicht von Dauer, sondern selbst auf kurze Sicht ungesichert ist. Der Lohn richtet sich nach Tagen oder lediglich nach Stunden und wird häufig gleich am Ende des Arbeitstages ausgezahlt. Innerhalb dieser Gruppe sind diejenigen besonders benachteiligt, die auf der Grundlage eines in Großbritannien sogenannten »Null-Stunden-Vertrags« beschäftigt werden. Man bezahlt ihnen nur den Lohn für die tatsächlich abgeleisteten Arbeitsstunden, ohne dass ihnen eine Gesamtstundenzahl pro Arbeitswoche garantiert würde. Viele von ihnen arbeiten zudem auf Abruf, müssen ihre Arbeitskraft also für einen Zeitpunkt zur Verfügung stellen, den allein der Arbeitgeber bestimmt. Folglich wissen sie weder, wie ihr Lohn an jedem beliebigen Tag ausfallen wird, noch können sie sich nach anderer Arbeit umsehen, deren Erledigung sich womöglich mit der ihnen auferlegten Verfügbarkeit überschneidet.

Ein ordentlicher oder regulärer Beruf ist folglich eine gesonderte Tätigkeit mit relativ genau festgelegten Arbeitszeiten und Arbeitsbedingungen, die in der Regel an einem eigens bestimmten Ort ausgeführt wird, mit einer festgelegten, verlässlichen Vergütung, die eher nicht nach Wochen oder Stunden, sondern nach Monaten oder Jahren berechnet wird. Es handelt sich um eine Beschäftigung, von der erwartet werden darf, dass man ihr für einen annehmbaren Zeitraum wird nachgehen können. Für sie erhält man keine bloße Bezahlung, sondern ein Gehalt.

Karrieren und Professionen

Hierarchisch höher gestellt ist eine Karriere oder Laufbahn. Karriere macht jemand, der Dinge tut, die vergütet werden, seinen fraglichen Beruf allerdings als eine längerfristige Angelegenheit betrachtet. Zu einer Laufbahn gehören in der Regel gewisse Eintrittsbedingungen, die mit speziellen Fertigkeiten zu tun haben. Sie verlangt eine Ausbildung und bietet interne Aufstiegsmöglichkeiten. Außerdem wird gewöhnlich angenommen, dass eine Person, die eine Karriere anstrebt, ihrer Beschäftigung mit einer gewissen Hingabe nachgeht, einem nicht nur oberflächlichen Engagement, dass sie folglich von Bedeutung für das Leben der Person ist, die eine Laufbahn antritt.

Auf der nächsten Stufe der Hierarchieleiter finden sich Professionen, die Karrieren besonderer Art sind. Archetypische Professionen sind Buchhaltung, Medizin, Architektur, Ingenieurswesen und Recht. So wie ein Beruf keine beliebige Ansammlung von Arbeitsvollzügen ist, sondern eine der Erledigung bestimmter Aufgaben verschriebene soziale Rolle, so wenig ist unter einer Profession irgendein Job oder eine Laufbahn zu verstehen. Vielmehr ist die Idee, dass Professionen ein besonders hohes Niveau an spezialisierten Fertigkeiten verlangen, dass eine Ausbildung und besondere Qualifikationen nötig sind. Und deren Aneignung wie Ausübung soll einem eigenen Verhaltenskodex der jeweiligen Profession gehorchen, der (idealiter) durch eine berufsständische Organisation der diese Profession Ausübenden vertreten wird. Selbstverständlich sind nicht alle Jobs, die keine Professionen sind, ungelernte Tätigkeiten. Mein Vater war ausgesprochen stolz darauf, »seine Papiere« zu haben (Unterlagen, die den Abschluss seiner zweijährigen Ausbildung zum Eisenbahnmechaniker zertifizierten) und *kein* »ungelernter Hilfsarbeiter« zu sein. Auf einer Sekretärinnenfachschule hatte meine Mutter gelernt, wie man möglichst vollkommen stenografiert und auf einer Schreibmaschine tippt, doch war die Arbeit eines Mechanikers eher ein Job und eine Sekretärin übte keine Profession aus, sondern hatte im besten Fall eine Laufbahn vor sich. Einer der feinen Unterschiede dieser Klassifizierung bestand darin, dass ein Mechaniker im Blaumann arbeitet – tatsächlich trugen die Hände meines Vaters fast immer Spuren von Schmierfett –, während eine Sekretärin Angestellte eines Büros ist, die keine Fabrikhalle oder Eisenhütte betritt. Nach meinem Eindruck waren insofern auch Gendergesichtspunkte im Spiel, als von einem Mann wie selbstverständlich erwartet wurde, dass er einem Beruf nachging, wohingegen Heirat und Hausarbeit die an Frauen gerichtete Erwartung darstellte, weshalb eine Ausbildung zur Sekretärin (und die kontinuierliche Ausübung dieser Tätigkeit) derartige Erwartungen verletzte, mithin einen umso größeren Einsatz auf Seiten derer forderte, die einer solchen Beschäftigung nachgingen.

Unter dem Stichwort »Bürokratisierung« hat der Soziologe Max Weber einen für seine Begriffe dominanten Trend in der Moderne analysiert,[5] der alle Tätigkeiten mit einer organisatorischen Struktur überformt, die sich aus Gruppen aufbaut, die einander vorgesetzt sind. In ihr verfügen die höherrangigen vermeintlich über bessere Schulung, mehr Erfahrung und Kompetenz als die niederrangigen Gruppen, üben mithin auch größere Autorität aus. Dementsprechend ist Aufstieg möglich (und wird gewissermaßen erwartet), indem man kraft seiner professionellen Anstrengungen verschiedene Positionen durchläuft und schließlich die Stellen mit größerer Autorität und höherer Verantwortung besetzt. Dieses Modell von Bürokratie ist vorherrschend in den modernen Professionen. Es verhält sich in der Tat so, als ob die Hierarchisierung von Beschäfti-

5 Max Weber, *Wirtschaft und Gesellschaft*, Tübingen 1972, S. 126–130.

gungsformen *innerhalb* der einzelnen Tätigkeitsfelder von Professionen reproduziert würde. Auf jeder Ebene öffnet größeres Wissen und ein Mehr an Erfahrung den Zugang zu Stellen in der Laufbahn, die mit erhöhter Verantwortlichkeit und Autorität ausgestattet sind.

Trotz seiner »Papiere« hätte man meinem Vater nicht für den Angehörigen einer Profession gehalten, wahrscheinlich weil davon ausgegangen wurde, die von ihm erworbenen Fertigkeiten seien strikt binärer Natur: Dass es auf der einen Seite ein paar gut definierte Typen von Problemsituationen gibt, die zu erkennen man ihm beigebracht hatte, und auf der anderen Seite entsprechende von ihm erlernte Problemlösungen. Wenig Verständnis existierte dafür, dass seine Fertigkeiten besser oder schlechter angewendet werden könnten. Man ging davon aus, dass einem gelernten Mechaniker die Lösung von Problemen bekannt sei, während ein Ungelernter in Problemsituationen schlicht überfragt sei. Gestaltete sich eine Sache richtig kompliziert, lieferte kein ranghöherer Mechaniker (die gab es nicht), sondern »ein Ingenieur« (»Die Kerle mit den Rechenschiebern«, wie mein Vater sagte) den Ausweg. Natürlich *ist* Maschinenbau eine anerkannte Profession. Also verfügten die Ingenieure, dank ihres Studiums und ihrer professionellen Ausbildung, über Fertigkeiten, von denen, anders als bei denjenigen meines Vaters, unterstellt wurde, sie seien unbegrenzt ausweit- und anwendbar. Zu ihnen gehörte die jederzeit abrufbare Fähigkeit, sich unerwarteten Situationen zu stellen und sie durch die Entwicklung neuer Lösungen zu bewältigen. Man könnte daher sagen, ein Element von Kreativität gehe in die für den Ingenieur kennzeichnende Aufgabenstellung ein, während der Tätigkeit eines Mechanikers nach geläufiger Meinung jegliche Kreativität abgeht, womit ein Grund dafür benannt ist, dass Ingenieure einer Profession nachgehen, während mein Vater einen Job erledigt.

Natürlich beruht die Trennung zwischen Mechanikern und Ingenieuren auf einer ideologischen Fiktion. Kein sachkundiger Mechaniker folgt schlicht routinierten Verfahren, wie sie Bedienungshandbücher verzeichnen. Praktisch alle Mechaniker entwickeln eigene, nichtstandardisierte, gleichwohl höchst effektive Vorgehensweisen. Außerdem sind sie neu auftretenden Schwierigkeiten, die in Manualen gar nicht auftauchen, durchaus gewachsen. Es dürfte also niemanden überraschen, wenn der Kontrastierung von Ingenieur und Mechaniker ein Stück sozial konstruierter Wirklichkeit zugrunde liegt. Über die Vermögen und Fähigkeiten, die Erfindungsgabe und Bereitschaft zur Eigeninitiative, wie sie Arbeiter entwickeln, werden nicht nur ihre Ausbildungsgänge mitentscheiden, sondern auch die Erwartungen, die an sie gerichtet sind, und die faktischen Bedingungen, unter denen sie ihre Arbeit verrichten. Sind sie angehalten, bei Problem gleich nach einem Ingenieur zu rufen, ist das sicherlich keine Ermutigung, ihre eigenen Problemlösungskapazitäten zu entfalten.

Der Ruf nach den Ingenieuren beleuchtet noch einen anderen Aspekt moderner Arbeitsorganisation. In den Augen meines Vaters war die Hierarchie in der Fabrik, wo er arbeitete, gänzlich durchsichtig: Hilfsarbeiter (völlig ungelernte Arbeitskräfte, die einfachste manuelle Tätigkeiten verrichteten), Männer (einfache Arbeiter wie er), Vorarbeiter (ehemalige Arbeiter, die auf Stellen mit lokal begrenzter Autorität befördert wurden); dann die Ingenieure, vom Rest durch eine unüberbrückbare Kluft getrennt, über ihnen, durch eine nächste unüberbrückbare Kluft abgesetzt, das Management, schließlich, an der Spitze und unsichtbar »Pittsburgh« (Ort der Hauptverwaltung von US Steel). Wohlgemerkt handelt es sich zwar um eine eindeutige Hierarchie, allerdings keine professionelle. Die Manager waren *nicht* einmal höher qualifizierte Ingenieure (obwohl einige unter ihnen ihr Berufsleben womöglich als Ingenieure begonnen hatten). Eher war es eine Hierarchie nach Autorität, nach Befehlsgewalt. Ein Assistenzarzt erledigt die gleiche Arbeit wie eine Chefärztin, auch wenn er in der Hauptsache wahrscheinlich leichtere und unkompliziertere Fälle behandelt; die Manager hingegen taten nichts, was auch nur entfernt mit den Tätigkeiten vergleichbar war, die ein Arbeiter verrichtete. In Wahrheit konnte ein Manager eine beschädigte Pumpe nicht besser reparieren als ein Ingenieur oder Arbeiter, doch konnte er dem Ingenieur wie dem Arbeiter Befehle erteilen.

In Professionen herrscht häufig ein spezieller Verhaltenskodex, der sowohl über die gesetzlichen Vorgaben hinausgeht, denen die Angehörigen der jeweiligen Profession unterliegen, als mitunter auch über das für jedermann moralisch Gebotene. Aufgrund der Annahme, die Ausübung archetypischer Professionen, etwa der Medizin, verlange eine gewisse Autonomie der Urteilsbildung, wird solchen Professionen ein hohes Maß an Selbstkontrolle eingeräumt. Man geht davon aus, dass wohl nicht jeder tippen, aber doch fast jeder beurteilen kann, wer eine gute Schreibkraft ist – schnell und fehlerlos tippt –, während umgekehrt nur jemand, der ein Medizinstudium absolviert hat, wirklich einzuschätzen vermag, wie gut jemand als praktizierender Arzt ist. Der Grund dafür liegt nicht darin, dass es kompliziert ist, Resultate zu beurteilen – ob ein Patient stirbt oder überlebt ist für einen Außenstehenden ebenso sichtbar wie die Zahl der Tippfehler, die einer Schreibkraft unterlaufen –, sondern darin, dass es Laien schwerfällt, einzuschätzen, wie schwierig, undurchsichtig und problematisch die Diagnose und Therapie einer Erkrankung ist. Dass viele Patienten an Ebola versterben, ist kein notwendiges Indiz dafür, dass der zuständige Arzt inkompetent ist.

Da eine Profession eine langwierige und komplexe Ausbildung erfordert, zudem mit einer speziellen Berufsethik verknüpft ist, wird sie das Leben und Ethos derer, die sie ausüben, erheblich beeinflussen. Also ist die Verbindung zwischen dem Einzelnen und seiner Beschäftigung im Fall von Professionen deutlich enger: Eine Sekretärin mag ihren Beruf wechseln und eine Karriere als Köchin (oder umgekehrt) ansteuern, doch ist man einmal Doktor, bleibt man (zumindest im Prinzip) immer Doktor. Grammatikern (jetzt als Stellvertreter für Professionen überhaupt verstanden) wird nachgesagt, sie hielten »die ganze Wirklichkeit für grammatikalisch«, meine Mutter hingegen hat nie unter der Wahnvorstellung gelitten, die Welt sei ein Büro. Weil man sich Professionen mit Blick auf das geforderte eigenständige Urteilsvermögen als weitgehend selbstverwaltet vorstellt, ist die Meinung weit verbreitet, in ihnen gebe es mehr Freiheit und größere Spielräume für eine gewisse Selbstverwirklichung als bei anderen Jobs.

Berufungen

Schließlich kursiert auch noch die Vorstellung, dass es eine Form von Beschäftigung gibt, die weder (nur) ein Job noch eine Karriere oder Profession ist, sondern Berufung. Sie hat zweifelsohne religiöse Ursprünge: Ein Individuum wird von Gott – gedacht als eine mächtige kosmische Kraft mit moralischen Qualitäten, die *außerhalb* des infrage stehenden Einzelnen existiert –, »berufen«, dazu gebracht, eingeladen oder qua Befehl dazu aufgefordert, ein Leben besonderer, höchst strukturierter Art zu führen. Versuche ich zu entscheiden, was ich aus meinem Leben mache, scheint es nahezuliegen, denjenigen Faktoren besonderes Gewicht zu geben, die primär mit mir zu tun haben. Was kann ich? Welche Eigenschaften habe ich? Welche Vermögen und Fertigkeiten? Aber auch welche Defizite und Schwächen? Für welche unter den verfügbaren Beschäftigungsoptionen bin ich am besten (oder überhaupt) geeignet? Außerdem gilt es, eigene Präferenzen zu würdigen. Was möchte ich tun? Unsere Gesellschaften ermutigen ihre Mitglieder nachdrücklich dazu, dem nachzugehen, was sie für ihre natürliche Begabung erachten. So ist es von Vorteil, das zu tun, was man (ernsthaft) will und worin man gut ist, mithin die beiden Dimensionen, das Wollen und das Können, zu koordinieren. Allerdings werden den meisten Menschen Fälle bekannt sein, in denen eine beachtliche Diskrepanz zwischen dem besteht, was jemand unbedingt zu tun wünscht und dem, wozu er oder sie tatsächlich fähig ist. Es gibt diese vollkommen unmusikalische Person, die nicht davon ablässt, ihr Instrument (schlecht) weiterzuspielen, aber auch den ungeheuer begabten Fußballer, die Schachspielerin oder den Koch, die hassen und meiden, was sie außerordentlich gut können und sich mit desaströsen Ergebnissen an der Ausübung anderer Tätigkeiten versuchen. Zu weiteren Beispielen zählt die Schauspielerin von umwerfender Komik, die tragische Rollen entsetzlich verhunzt, jedoch darauf besteht, sie spielen zu wollen; der Romancier, der (vergeblich) von sich als einem erfolgreichen Bühnenautor träumt oder die verschiedenen Berühmtheiten, die als Modeschöpfer scheiterten.

Die Idee einer Berufung im strengen Sinne stellt ein archaisches Relikt dar, auch wenn Max Weber auf ihrer originären Bedeutung für die Genesis unserer modernen Arbeitswelt insistiert. Steht das Konzept von »Berufung« zu Gebote, entlastet es den Entscheidungsprozess, der nicht mehr in den Händen des Einzelnen liegt. Gibt Gott einem zu verstehen, was zu tun ist, kann man sich seiner Anrufung nur noch auf eigene Gefahr verweigern. Damit soll keineswegs gesagt sein, dass Einzelne nicht mit einer Berufung ringen, die allem widerspricht, was sie zu tun wünschen. Einige Propheten etwa stellen deutlich heraus, lieber kein Sprachrohr Gottes sein zu wollen. Prophetie zu betreiben, war schließlich kein bequemes Amt. Viele Propheten endeten als Geschmähte, wurden verfolgt, sogar gekreuzigt oder dazu verdammt, auf einem Misthaufen zu thronen und sich den Schorf ihrer Wunden mit der Scherbe eines Tonkrugs aufzukratzen. Der Unwille eines potenziellen Propheten, seiner Berufung zu folgen, ist ein in den religiösen Schriften häufig wiederkehrendes, dramatisch aufgeladenes Thema. Die wahrscheinlich berühmteste, literarische Verarbeitung dieses Topos findet sich in Vergils Epos über einen Mann, den die Götter nötigen, sein Leben mit etwas zu verbringen, was ihm widerstrebt: *Italiam non sponte sequor* (»Ich will *nicht* nach Italien gehen«), bekennt Aeneas (Aenäis, IV. 361). Noch eindrucksvoller und einschneidender bearbeitet Schönbergs Oper *Moses und Aron* das Thema, weil Moses den Auftrag, das Wort Gottes zu verkünden, nicht nur zurückweist, sondern ihm wegen seiner Sprachstörung gar nicht auszuführen vermag. Hier scheint das Faktum, dass die ergangene Berufung im Gegensatz zu allem steht, was in einem natürlichen Vermögen oder individuellen Verlangen seinen gedachten Grund haben könnte, der Absicht zu dienen, dem Anruf zusätzliche Objektivität und Glaubwürdigkeit zu verleihen. Deutlich wird allerdings, dass die Berufung tatsächlich einer anderen Quelle entstammen *muss* als den Vorlieben und Neigungen des angerufenen Subjekts. Einer derartigen Berufung mag man sich widersetzen, allerdings gewinnt dieser Widerstand seinen Sinn erst aus dem Eingeständnis der berufenen Person, der erteilte Auftrag sei von innerer, objektiver Bedeutung. Für einen Karriereweg schafft man den nötigen Platz in seinem Leben, und selbst eine Profession, die ein Leben lang ausgeübt wird, lässt Raum für andere Dinge – über das Wien an der Wende vom 19. zum 20. Jahrhundert wird berichtet, es habe die weltbesten, ausschließlich von Ärzten besetzten Streichquartette beheimatet –, eine Berufung hingegen durchdringt das ganze Leben und ergreift Besitz von ihm. Wer einer Berufung folgt, erfüllt einen Zweck an sich selbst, der vollständige Hingabe verlangt. Dementsprechend ist eine eigene Terminologie in Gebrauch, mit der die Vergütung derer bezeichnet wird, die Berufene sind. Mein Cousin, der ein römisch-katholischer Priester war, erhielt »Bezüge«, also bestand keine kausale Beziehung zwischen dieser Vergütung und seiner Arbeit als Geistlicher. Aus der Annahme, er genüge einer Berufung, folgte, dass er ein Leben lang Priester sein würde. Dass Geistliche behindert sein könnten, etwa sichtlich senil und unfähig werden, ihren priesterlichen Aufgaben nachzukommen, war anerkannt, sodass entsprechende Vorkehrungen getroffen wurden. Allerdings war »Pensionierung« nicht vorgesehen. Als Geistlicher diente alles, was mein Cousin tat, einer geläufigen Unterstellung zufolge *ad maiorem Dei gloriam* (»dem höheren Ruhme Gottes«, also auch seinem eigenen Seelenheil). Finanzielle (oder andere irdische) Gegenleistungen strebte er gewiss nicht an, weshalb das Geld, das er bekam, nicht als Entlohnung für erbrachte Dienste, sondern als Lebensunterhalt betrachtet wurde. Es sicherte seine physische Existenz, die bloße Vorbedingung der fortgesetzten Ausübung seiner priesterlichen Funktionen war. Er führte sakramentale Handlungen – wie Trauungen, Taufen und Begräbnisse – durch, für die gewisse Zahlungen erwartet wurden, gewöhnlich als »Spenden« bezeichnet. Sie gingen nicht direkt an ihn, sondern an die Gemeinde, zu der er gehörte.

Sinnvoll ist die Idee der Berufung dann, wenn es Gott, Götter oder so etwas wie Schicksal und Bestimmung als Begründungsinstanzen für eine Berufung gibt. Ohne derartige Voraussetzungen ist es schwierig, der Vorstellung Sinn zu verleihen, es existiere so etwas wie ein »Sollen«, das grundsätzlich unabhängig von den Kräften ist, über die man verfügt, und auch unabhängig davon, was man mit ihnen (oder seinem Leben als Ganzem) anstellen will. In gewissen Zeiten mag Familientradition den Ort von Schicksal besetzt haben, doch büßen derartige Vorstellungen tendenziell ihre verbindliche Kraft in einer Gesellschaft ein, die auf individueller Wahlfreiheit beruht. Wird die Idee der Berufung säkularisiert, findet sich deren Bedeutung auf die Vorstellung reduziert, dass eine Person über einzigartige Gaben verfügt, die sich weder durch Willensanstrengungen noch durch harte Arbeit oder eine Ausbildung erwerben lassen. Derartige Begabungen befähigen die betreffende Person in besonderer Weise dazu, mit außergewöhnlich großem Erfolg gewisse Aufgaben zu bewältigen. Dann ist die Rede davon, man dürfe Talente nicht »verschwenden«. Gemeint ist etwa, »wir als prospektive Zuhörerschaft würden dem Spiel eines Geigers, der *derart* gut ist, nur allzu gerne zuhören«. Mitunter ist die Adressierung spezieller Talente eine Spur neutraler und stützt sich auf die quasileibnizianische, ontologische These, der zufolge Fertigkeiten dazu da sind, verwirklicht und angewendet zu werden. Aber muss man sich dieser Ontologie anschließen?[6] Wie sie den historischen Niedergang der Vorstellung, es gebe so etwas wie natürliche Teleologien, vernünftigerweise hat überleben können, ist schwer nachzuvollziehen. Mir scheint dennoch, dass sie in unserer Gesellschaft eine Menge Anhänger noch bis zu dem gar nicht weit zurückliegenden Zeitpunkt besaß, an dem ihr ein auf die Spitze getriebener Individualismus, der sich gänzlich auf die gerade aktuellen Begehrlichkeiten der Einzelnen konzentrierte, den Boden entzog.

Die moderne und säkularisierte Fassung von Berufung stellt die psychologischen Einstellungen und die volle Hingabe einer Person, die sich berufen fühlt, besonders heraus: Die Frage lautet dementsprechend nicht »Wozu bin ich berufen?«,

6 Man könnte vermuten, dass diese theologische oder ontologische Annahme durch jemanden verabschiedet wurde, der die Gesellschaft zu einer rachsüchtigen Gottheit erklären wollte. Ist die Gesellschaft rücksichtslos und das Überleben schwierig, könnte es höchst unklug sein, die eigenen Vermögen, die ökonomisch vergütet werden, nicht zu kultivieren.

sondern »Was bin ich (wirklich) gewillt, zu tun?«. Und häufig wird sie von der weiteren Frage begleitet »Wie weit kann meine Hingabe gehen?«. Mithin besetzt eine Psychoanalytikerin (ein Trainer oder Coach) die vormalige Position des Priesters und Theologen. Ihr obliegt es, die Berufung und das jeweilige Streben möglichst konturscharf herauszupräparieren.

Ein letzter Punkt: Wahrscheinlich ist der religiöse Ursprung der Idee einer »Berufung« dafür verantwortlich, dass der Begriff nach unserem Ermessen nicht für *jede* Art von Arbeit, Beruf und Profession verwendet werden kann, sondern idealerweise nur für Tätigkeiten, deren Ziele nicht bloß gut und nützlich im Allgemeinen sind, sondern irgendwie erhaben, wie etwa die Heilung von Kranken, die Erweiterung menschlicher Horizonte, der Schutz der Schwachen, die Anleitung junger Menschen und die Inspiration zukünftiger Generationen. Obwohl kein Zweifel daran besteht, dass Hausarbeit nützlich ist und unterschiedlich gut erledigt wird, würden wir es für übertrieben halten, sie eine Berufung zu nennen. Vermutlich ist sie für uns nicht zuletzt deshalb keine Berufung, weil es um manuelle und mit Frauen assoziierte Tätigkeiten geht, weshalb ihnen ein niederer Status zugeschrieben wird. Auch würde kein Mensch behaupten, jemand sei – trotz des Umstands, dass von manueller Tätigkeit nicht die Rede sein kann – dazu berufen, Dinge zu kaufen und zu verkaufen, obwohl es bestimmt Leute gibt, die es gewissenhaft und mit Erfolg tun.

Was all diese Beispiele der verschiedenen Weisen, unser Arbeitsleben (nach Beruf, Karriere, Profession, Berufung) zu strukturieren, verdeutlichen, ist zweierlei: zum einen die Bedeutung des konstitutiven Zusammenhangs unseres Wirtschaftssystems mit Regime der Zeitbeherrschung und zum anderen die enge Verbindung zwischen Zeitkontrolle und Vertrauensbildung (etwa bei Entscheidungen über die »Kreditwürdigkeit« einer Person). So hat Nietzsche herausgearbeitet, dass jemand, der ein Versprechen macht, für sich reklamiert, sowohl die Zeit als auch sich selbst beherrschen zu können. »Ich werde morgen X tun« heißt »Selbst wenn sich die Umstände ändern und mir überhaupt nicht mehr danach ist, werde ich mich dazu bringen, morgen X zu tun«. Nietzsche stellt damit eine Verbindung zur Verschuldung her.[7] Schulden machen zu können, hängt von der Fähigkeit ab, das Vertrauen eines anderen dafür zu gewinnen, dass die Rückzahlung stattfinden wird. Ganz generell büßt jemand, der sich verschuldet, die Kontrolle über seine Zeit ein, weil er dafür wird arbeiten müssen, die eingegangene Schuld zu erstatten.[8]

Vertrauen ist auch aufseiten von Arbeitnehmern, die ein Beschäftigungsverhältnis aufnehmen, von Bedeutung. Wird eine Beschäftigung begonnen, ist darauf zu vertrauen, dass man bezahlt wird – sei es am Ende des Tages, der Woche, des Monates oder des Jahres. Wie lange man bereit ist, auf die Bezahlung (den Lohn, das Gehalt, die Bezüge, das Honorar) zu warten, ist ein Indikator für soziale Erwartungen, welche die Dringlichkeit betreffen, in der ein typischer Vertreter der jeweiligen Berufsgruppe sein Geld braucht. Bei Leuten, die Beschäftigungen niedrigeren Ansehens nachgehen, wird unterstellt, sie lebten von der Hand in den Mund und seien auf Geldzahlungen angewiesen. Dass sie noch über andere Ressourcen ver-

7 Siehe Friedrich Nietzsche, *Zur Genealogie der Moral. Eine Streitschrift*, »Zweite Abhandlung: ›Schuld‹, ›schlechtes Gewissen‹ und Verwandtes«, in: ders., Kritische Studienausgabe in 15 Bänden, hrsg. von G. Colli und M. Montinari, München / Berlin / New York 1980, Bd. 5, S. 291–337.

8 Das trifft allerdings nur für geringe Schulden zu. Bei größeren Schuldbeträgen kann sich, wie schon häufig bemerkt wurde, das Abhängigkeitsverhältnis umkehren. Wenn ich jemandem 1000 Euro schulde, kann er Druck auf mich ausüben, doch wenn ich bei einer Bank mit 1 Milliarde Euro in der Kreide stehe, werde ich die Kreditgeberin unter Druck setzen können, weil die Bank pleiteginge, sollte ich meine Schulden nicht tilgen.

fügen, wird demgegenüber bei Erwerbspersonen unterstellt, deren Berufen man einen höheren Status zuschreibt.

Wie eine Vergütung berechnet und ausgezahlt wird, hat großes Gewicht. Der Grund dafür ist, dass in einer Gesellschaft wie der unsrigen diejenigen (im Allgemeinen) bessergestellt sind, die für längere Zeiträume mit solide kalkulierbaren Einnahmen und Ausgaben rechnen können. Ihr Vorteil liegt schon im Alltagsleben auf der Hand: Brauche ich am Ende des Tages dringend Geld, um mich und meine Familie zu ernähren, bin ich in einer deutlich schlechteren Position als derjenige, der ein bestimmtes Investitions- und Ertragsniveau ein Jahrzehnt lang aufrechtzuerhalten hat, weil ihm an der Sicherung des Vermögens seiner Familie liegt. In der Regel sorgen derartige Umstände auch für Ausgangsvorteile von Arbeitgebern in den Verhandlungen mit ihren Arbeitnehmern. Entsprechendes gilt in Zeiten ökonomischen Niedergangs. Wirtschaftskrisen sind schlechte Nachrichten für die Armen, können für die Reichen hingegen von Vorteil sein. Während der großen Depression in den späten 1920er und 1930er Jahren sind eingefleischte Millionäre in den Vereinigten Staaten sehr gut gefahren, vorausgesetzt, dass sie keine spektakulär schlechten Investitionsentscheidungen getroffen hatten. Sie konnten gleichmütig mitverfolgen, wie ihre Erträge und der Marktwert ihrer Unternehmensbeteiligungen wegen der Deflation sanken, denn selbst nach dem Einbruch der Märkte besaßen sie mehr, als sie unbedingt brauchten, *und* sich die Zeit für den Erwerb neuer, rentabler Vermögenswerte nehmen, die unversehens zum Verkauf standen, da ihr Marktwert gefallen war. Was für die Armen eine Krise war, bot den Reichen willkommene Gelegenheiten.

Andere Tätigkeitsarten

Selbstverständlich deckt die im letzten Abschnitt präsentierte Übersicht weder alle Erscheinungsformen von Arbeit ab, die es für unsere Begriffe in der zeitgenössischen Gesellschaft gibt, noch gar sämtliche Tätigkeitsarten. Es handelt sich eher um eine minimale Bestandsaufnahme der Hauptkategorien. Offenkundig existieren Arbeitsformen, die nicht ohne Weiteres in das Schema passen, etwa die Arbeit kleiner, unabhängiger Handwerksbetriebe. Zu fragen wäre auch, wie es um die Arbeit einer Person steht, die ein von ihren Vorfahren ererbtes, großes Vermögen investiert (oder dazu in der Lage ist, es zu verleihen). Finanzkonditionen auszuhandeln und eine Vielzahl unterschiedlicher Investitionsstrategien zu verfolgen, scheint doch eine Tätigkeit zu sein, die einige der Merkmale von Arbeit erfüllt, die unser Schema aufgelistet hat. Mit Finanzinstrumenten zu operieren kann, wie mir scheint, psychisch belastend und genauso anstrengend sein wie vieles andere, das »Arbeit« genannt wird. Konzentration ist gefordert, Wissen und vermutlich auch Urteilskraft. Gleichwohl dürfte unzutreffend sein, von einem Beruf oder einer Karriere zu sprechen, und sicherlich ist es keine »Profession«. Leuten mit Kapitalinteressen wird an einer Sicht auf unsere Arbeitswelt gelegen sein, welche die Rolle einzelner Investoren und Unternehmer in ihrer Bedeutung für die Wirtschaft stärker betont, als es das Schema vorsieht. Wie dem auch sei, in diesem Abschnitt möchte ich die Aufmerksamkeit jedenfalls nicht mehr auf unsere Gesellschaft richten, sondern auf die Art und Weise, wie Arbeit in anderen menschlichen Gesellschaften organisiert wurde. Ein genereller Überblick über *alle* Modalitäten der Organisationen von Arbeit wird allerdings nicht angestrebt. Hütet diese kleine Gruppe junger Stammesangehöriger die Tiere oder vergnügen sie sich an ihrer Zusammenkunft? War der Priester, der im dritten Jahrtausend vor Christi auf der Spitze des Tempelturms im Sialk eine Zeremonie vollführt, bei der Arbeit? Solche Fragen könnten auch weniger exotische Fälle beleuchten. Nehmen wir den katholischen Priester aus meiner Schule, der einigen unter uns Schülern am Samstagvormittag außerplanmäßigen Russischunterricht erteilte. Obwohl er in der *clausura* des Internats lebte und dort seine Mahlzeiten einnahm, wird er die Bezüge eines Geistlichen empfangen haben. Was auch immer er bekam, bezahlt wurde er dafür, Latein zu unterrichten, also erbrachten seine zusätzlichen Aktivitäten kein Nebeneinkommen. Er war einfach ein Mann, dem es gefiel, anderen Fremdsprachen beizubringen. Hat er an diesen Samstagen gearbeitet? An sich ist die Unterbestimmtheit der Begriffe, die um Arbeit kreisen, kein Problem. So verhält es sich eben mit Begriffen, und es stört uns im Alltagsleben auch nicht weiter – wir müssen nur lernen, diese Tatsache anzuerkennen und einzuräumen. Daher werde ich mich im Folgenden darauf beschränken, einige der auffälligen anderen Formen, welche die Organisation von Arbeit ausgeprägt hat, zu diskutieren, weil ich sie aus verschiedenen Gründen für besonders bedeutsam halte.

Die Arten von Arbeit, mit denen ich mich jetzt befassen werde, hat es – soweit mir bekannt ist – tatsächlich zu gewissen Zeiten und an bestimmten Orten gegeben, sodass deren Möglichkeit eigentlich nicht weiter problematisch ist, würde abstrakt nach ihr gefragt. Doch ließe sich zweifelsohne fragen, ob es sich (noch) um Möglichkeiten *für uns* handelt. Zu behaupten, dass eine andere Art, zu arbeiten, »für uns« möglich sei, heißt in der Regel, dass wir sie aufgreifen könnten *ohne allzu große Veränderungen anderer Aspekte unserer Sozialbeziehungen und ohne eine radikale Absenkung unserer Produktionskapazitäten und des gegenwärtigen Stands der Konsumgewohnheiten.* Stillschweigend wird dabei vorausgesetzt, dass die Leute eine signifikante Reduktion des Konsumstandards, an den sie sich gewöhnt haben, freiwillig nicht hinnähmen. Also hängt die Antwort auf die Frage, was für uns möglich ist, nicht zuletzt davon ab, welche Sozialbeziehungen und welchen Grad an Produktivität wir bei der Abwägung kontrafaktischer Optionen festschreiben, das heißt also davon, welches Maximum an Absenkung unserer Produktionskapazitäten wir akzeptieren würden (und könnten). Dass dies eminent politische Fragen sind, liegt auf der Hand.

Die Nichtexistenz von Autarkie

Gleichwohl möchte ich nicht mit der Beschreibung einer realen historischen Möglichkeit beginnen, sondern eine irreführende Un-Möglichkeit aufgreifen, mithin etwas, das es im relevanten Sinne wirklich nicht gibt und nie gegeben hat, aber trotzdem eine nach wie vor ideologische Verlockung für Leute in unserer Gesellschaft darstellt. Was nicht existiert, ist die vollständig autarke Arbeit eines oder einer Einzelnen. Damit nehme ich auf die Vorstellung Bezug, es könne ein Individuum geben, das außerhalb der Gesellschaft daran arbeite, seine Bedürfnisse isoliert zu befriedigen. In einer erweiterten Fassung und dank eines weiteren Schritts führt diese Annahme zu der Vorstellung, ein solches Individuum täte sich vermittels verschiedener, jeweils geregelter Tauschbeziehungen mit anderen, ihm ähnlichen Individuen zusammen, um dann zusammen eine Gesellschaft zu bilden. Zu sagen, aus rein logischen Gründen müsse es irgendwelche Individuen oder Familienverbände gegeben haben, die als Erste gearbeitet hätten, mag stimmen oder auch nicht stimmen. Ich denke, dass diese Behauptung schlicht viel zu vage ist, um potenziell wahr oder falsch zu sein. In jedem Fall ist sie irrelevant. Soweit wir so etwas wie menschliche Arbeit überhaupt zurückverfolgen können, handelt es sich stets um eine familial oder sozial gerahmte, kollektive Aktivität. Evolutionshistorisch bewegen wir uns von aus Affen gebildeten Gruppen auf Verbände zu, in denen

Menschen kooperieren. Wo die Grenze zwischen beiden verläuft, bleibt im Grunde eine Definitionsfrage. Immerhin ist eines gewiss, dass nämlich »Individualisierung« vor Beginn des 19. Jahrhunderts eine deutlich untergeordnete und abgeleitete Erscheinung im sozialen Leben der Menschen ist.

Zweifelsohne lässt sich das Phänomen ländlicher Subsistenzwirtschaft beobachten, wie sie in vielen traditionalen Agrargesellschaften betrieben wird, und wie sie auch mein Onkel im südlichen Indiana während der späten 1940er und frühen 1950er Jahre (ohne großen Erfolg) zu praktizieren versucht hat. Doch unterscheidet sich echte Subsistenzwirtschaft gründlich vom Hirngespinst autarker Arbeit, also von der Fiktion, dass ein Mensch *nur* das konsumiere und in Gebrauch nehme, was er *selbst anbaue und herstelle*. Davon konnte etwa bei meinen Onkel keine Rede sein. Für ihn wäre eine solche Lebensweise nicht einmal vorstellbar gewesen. »Subsistenz« bedeutete in seinem Fall, dass er keiner bezahlten Beschäftigung außerhalb der eigenen Landwirtschaft nachgehen musste (keinen Job in der Stadt brauchte), um den Lebensunterhalt seiner Familie zu bestreiten. Kraft des erzeugten Überschusses, den er auf dem Markt verkaufte, war er für kurze Zeit in der Lage, eine bezahlte Beschäftigung außerhalb seiner Landwirtschaft zu vermeiden. Sein Hof ließ sich ohne den Einsatz von Landmaschinen nicht bewirtschaften, und die brauchten Treibstoff, der nur mit Bargeld (oder über Kredit) zu bekommen war. Außerdem fielen noch andere unvermeidliche Kosten an, etwa die Steuerzahlungen, für die Geld nötig war. Schließlich hegte er kulturell vermittelte Vorstellungen davon, was ein zumindest akzeptables Leben ausmache, zu denen gehörte, seinen zahlreichen Kindern den Schulbesuch zu ermöglichen und für medizinische Betreuung aufkommen zu können, wenn sie krank wurden. Einst mag es eine Zeit gegeben haben, in der ein Huhn die Vergütung für den Einsatz eines Doktors war und in der die Kinder Lesen und Schreiben lernten, indem sie Tonscherben oder zerbrochene Schieferplatten bekritzelten. Doch gehörten solche Zeiten im südlichen Indiana um 1950 bereits einer mythischen, längst überholten Vergangenheit an. Ohne seine Maschinen (und den nötigen Treibstoff) wäre die Familie meines Onkels binnen zweier Jahre verhungert. Sie verfügte nicht über die Fertigkeit, die Felder allein mit ihrer Hände Arbeit so zu bestellen, dass genug zum Leben abfiel. Und aufgrund der Maschinen lebten sie in beständiger Abhängigkeit vom Geldfluss und den Marktpreisen. Selbst Robinson Crusoe, eines der frühesten und literarisch ausgereiftesten Denkmäler für das Hirngespinst der Autarkie, stand das Wrack eines voll ausgerüsteten Schiffs zur Verfügung, aus dem er einige der strapazierfähigsten und teilweise geradezu hochentwickelten Werkzeuge (Musketen, einen Sextanten, eine Uhr) rettet, die es für ihn bereithielt. Es ist diese Ausrüstung, die sein Überleben gestattet. Faktisch führt Crusoe sein autarkes Leben am langen Ende eines überdimensionierten Krankenhaustropfs, der ihn mit Europa verbindet. Zwar hatte ein Schiffbruch den Tropf durchtrennt, doch floss seit diesem Zwischenfall noch genug Infusionsflüssigkeit durch den Schlauch, um Crusoe über Jahre zu versorgen.

Weit davon entfernt, unabhängiger von »Gesellschaft« zu sein, schien mein Onkel faktisch in größerer sozialer Abhängigkeit zu existieren als mein Vater. Beide Brüder waren völlig in die Geldwirtschaft eingebunden, zahlten Autos und Hypotheken auf Häuser mit Bankkrediten ab, nur hatte sich mein Onkel noch darüber hinaus zur Finanzierung der vielen Landmaschinen verschuldet. Er bat ständig um Hilfe, brauchte die Saisonarbeit von Freunden, Nachbarn und Angehörigen der (sehr großen – mein Vater hatte acht Geschwister) Familie. Er war eigentlich immer, saisonunabhängig, auf helfende Hände zur Bewältigung anstehender Aufgaben angewiesen. Im Ge-

genzug bot er den Nachbarn von Zeit zu Zeit, immer wenn es nötig war, die Arbeitskraft seiner Kinder an. Bekanntlich wird geliehene Arbeit weder besonders pünktlich noch besonders korrekt zurückerstattet, was sicherlich auch für andere Dinge galt, die in vorindustriellen Gesellschaften ausgeliehen wurden. Meine Eltern hatte eine panische Angst davor, verschuldet zu sein, weil sie es als Zeichen dafür nahmen, der Macht anderer ausgesetzt zu sein. Diese im Kern protestantische, nach-puritanische Einstellung prägte zu ihrer Zeit sogar katholische Familien wie die meinige, wiewohl durchaus nicht alle. Mein Onkel zum Beispiel unterschied präzise zwischen Schulden bei einer *Bank* (schrecklich) und Schulden bei Nachbarn (völlig normal). Im Übrigen betraf diese Einstellung vorrangig eingegangene Geldschulden und nicht die Unzahl anderer Verschuldungsformen, die sämtliche Gesellschaften von Menschen kennzeichnen. Mein Onkel neigte dazu, sich wie Leute in älteren Formationen agrarischer Gesellschaften zu verhalten, *bevorzugte* also, Schulden zu haben (oder andere in seiner Schuld zu wissen). Schließlich stärkte Verschuldung die sozialen Bande, weshalb sein Nehmen und Geben keinem berechnenden Kalkül gehorchte. So oder so schien in Indiana niemand genau Buch zu führen.[9] Wahrscheinlich handelte es sich um einen schwachen, etwas heruntergekommenen Widerschein des »gegenseitigen Beistands«, der in anarchistischen Zirkeln, etwa bei Kropotkin, als das wirkliche Fundament einer humanen Gesellschaft angesehen wurde. Was auch immer sie gewesen sein wird, jedenfalls war die Arbeit meines Onkels alles andere als solitär und prä-sozial, selbst wenn man seine Familie kurzum zu einem Teil seiner individuellen Person erklären würde.

9 Vgl. Graeber, *Schulden*.

Vermutlich liefert jemand, der inmitten einer vollständig monetarisierten und industrialisierten Gesellschaft vom Verkauf der Erzeugnisse seines Hofes zu leben versucht, kein gutes Modell für die Art von Subsistenzwirtschaft, die vor der Erfindung des Geldes über Jahrtausende betrieben wurde und allenfalls, wenn überhaupt, bescheidene Überschüsse erzielte. Echte Subsistenzwirtschaft liegt nicht vor, wenn es möglich ist, große Getreideüberschüsse zu erzeugen. Es gibt sie nur dort, wo Geldverkehr – abgesehen von rudimentären oder randständigen Formen – fehlt. Doch auch daraus folgt keineswegs, dass Subsistenzwirtschaft eine Erscheinungsform individueller und autarker Arbeit ist. Vielmehr sind Subsistenzbauern völlig abhängig von Sozialbeziehungen, von denen zu anderen Bauern, die sich gegenseitig unterstützen, häufig auch von denen zu Handwerkern, die ihrerseits ohne größere Schwierigkeiten außerhalb eines Zahlungsverkehrs existieren können.

Obwohl die Art von Selbstversorgung, die uns sofort in den Sinn kommt, auf Landwirtschaft beruht, hat es in der Tat mindestens drei historisch variierende Formen von Subsistenzwirtschaft gegeben.

Verschiedene Köpfe der schottischen Aufklärung (Dugald Stewart, Adam Smith, Adam Ferguson und John Millar) haben im 18. Jahrhundert Geschichtstheorien entwickelt, die auf der Unterscheidung verschiedener Gesellschaftstypen basierten. Sie haben vier Typen identifiziert, die jeweils auf eine charakteristische Art von Arbeit verweisen, der die betreffende Gesellschaft ihre Subsistenz verdankte:

1 Jagen und Sammeln
2 Pastoralismus
3 Landwirtschaft
4 Handel

Diese Theoretiker meinten, die aufgestellte Reihenfolge sei ebenso universal wie unveränderlich. Heutzutage spricht man schlicht vom »Vier-Stadien-Modell« der Entwicklung menschlicher Gesellschaft. Im späten 19. Jahrhundert setzte sich eine Version des Modells durch, die »Handel« im vierten Stadium durch »Industrie« ersetzte. Ergänzt man dieses Modell durch die Annahme, menschliche Sozietäten würden sesshaft, sobald Ackerbau betrieben werde, und wird unter Ackerbau der großflächige, monokulturelle Anbau einer der klassischen Getreidesorten – Weizen, Gerste, Reis und Mais – verstanden, ergibt sich in etwa die geläufige Ansicht, die im Hinterkopf derer herumgeistert, die keine professionellen Prähistoriker sind. Allerdings konnte die jüngere Forschung nicht nur darlegen, dass die Entwicklung der Landwirtschaft in Wahrheit viel komplizierter verlaufen ist, als dieses Bild suggeriert, sondern auch nachweisen, dass sich die drei ersten Stadien – im Gegensatz zur properen Ordnung der vier aufeinanderfolgenden Entwicklungsschritte – faktisch überlappt, also nebeneinander koexistiert haben. Außerdem wissen wir heute, dass Sesshaftigkeit dem kontrollierten, Züchtung ermöglichenden Anbau der Hauptgetreidearten lange vorhergeht. Klar ist mittlerweile, dass menschliche Verbände über Jahrtausende eine Mixtur der drei ersten Typen von Selbstversorgung praktiziert haben, ohne dass es zu einer ersichtlichen und unveränderten Dominanz eines singulären Typs gekommen wäre.[10]

Jagen und Sammeln

Auf der Grundlage dieser Vorverständigung wenden wir uns zuerst demjenigen Modus von Subsistenzsicherung zu, der als »Jagen und Sammeln« bezeichnet wird. Vor der Heraufkunft

10 Siehe James C. Scott, *Die Mühlen der Zivilisation. Eine Tiefengeschichte der frühesten Staaten*, aus dem Englischen von Horst Brühmann, Berlin 2020, S. 78 f.

einer flächendeckenden, monolithischen Landwirtschaft muss diese Versorgungspraxis die vorrangige Form menschlichen Lebens gewesen sein. Jäger und Sammler kultivieren keine Feldfrüchte, erst recht nicht systematisch, vielmehr leben sie von wildwachsenden Nahrungsmitteln, die sie in ihrer unmittelbaren Umwelt vorfinden und auflesen (Beeren, Heuschrecken und Larven, Pilze, Honig, verschiedene Pflanzen und Wurzelknollen), von Fischen und Weichtieren, die sie in Flüssen, Gewässern oder in der See fangen können, schließlich von Wildtieren, die sie erfolgreich jagen. Zugängliche Ressourcen und Jagdgebiete sind begrenzt, variieren jahreszeitlich, können sich also erschöpfen, wenn der Verband zu groß ist oder zu lange am selben Ort verbleibt. Daher ist es nicht überraschend, dass Jäger und Sammler hoch mobil, wenn nicht vollkommen nomadisch leben. Sie ziehen weiter, sobald sich die Nahrungssuche in einem gewissen Areal aufgrund der Ausschöpfung zu kompliziert gestaltet, können dorthin jedoch zurückkehren, haben sich Fauna und Flora erholt. Umgekehrt bedeutet dies, dass die Möglichkeit, Überschüsse anzulegen, äußerst limitiert ist und nur wenig Anreiz besteht, Nahrung auf Vorrat zu halten: Gehortete Lebensmittel und Beute, die erjagt wurde, verderben schnell. Warum soll man sich dann, zumal auf die Erfordernisse einer nächsten Jagd rasch zu reagieren ist, mit Kadaverresten aus der letzten Woche belasten, wenn diese in einem Tag verrottet sein werden und sich frisches Wildfleisch im benachbarten Tal befindet? Daraus resultiert der binäre Zeitrhythmus, der typisch für Gesellschaften ist, in der diese Art der Ernährung vorherrscht. Entweder wird geschlemmt (wenn die Jäger ein großes Tier erfolgreich erlegen, das mehr oder weniger sofort verspeist werden muss, weil es nicht konserviert werden kann) oder gehungert (wenn die Jäger mit leeren Händen zurückkommen). Unter solchen Bedingungen dürfte es nicht weiter erstaunlich sein, dass die Menschen, die auf gelingende Jagd und Nahrungssuche angewiesen sind, generell sowohl einen ausgeprägten Sinn für ihre Abhängigkeit von Naturprozessen besitzen, die sich ihrer Kontrolle entzogen, als auch ein Gespür für das Gleichgewicht, das zwischen ihren der Selbsterhaltung dienenden Anstrengungen und den regenerativen Kräften in der Natur gegeben sein muss. Wie bewusst dies vielen dieser Gruppen von Jägern und Sammlern gewesen ist, dafür gibt es eindeutige Belege. Verspeist man den Großteil einer bestimmten Pflanzenwelt, mag sie im nächsten Jahr nachwachsen, wird hingegen essbares tierisches Leben in einer Region ausgerottet, können zu dessen Regeneration einige Jahre ins Land gehen, was einer Gruppe von Menschen nicht entgehen wird, die für ihr Überleben – zumindest teilweise – völlig auf die Jagd angewiesen ist. Jedenfalls werden menschliche Gruppen, die über Jahrzehnte oder sogar Jahrhunderte zu überleben wussten, diese Beobachtung gemacht und ihr gemäß gehandelt haben.

In einigen Regionen der Welt herrscht allerdings kein Mangel an tierischer Nahrung, die mehr oder weniger konstant zur Verfügung steht. Dies scheint insbesondere im südlichen Mesopotamien vor 6000 bis 7000 Jahren der Fall gewesen zu sein. Was heute Wüste ist, war damals eine Aneinanderreihung höchst fruchtbarer Moor- und Sumpfgebiete. Sie bildeten einen bedeutenden Faktor für die Entstehung früher menschlicher Ansiedlungen, deren Bewohner alle Nahrungsquellen in einer Region nutzen, in der es sowohl Sümpfe als auch Trockengebiete und nicht nur Salz-, sondern auch Frischwasser gab.[11]

Waren die Jagd und Nahrungssuche nun »Arbeit« für die Mitglieder dieser Gesellschaften? Dass sie mühsamen und organisierten Tätigkeiten nachgingen, die notwendig waren, um ihr Leben zu bestreiten, steht außer Frage. Einige dieser Tätig-

11 Ebd., S. 111.

keiten weisen zudem einen hohen Grad erkennbarer Objektivität auf, weshalb unter Gemeinschaften wie diesen allem Anschein nach so etwas wie »Arbeit« ausgeführt wurde. Dennoch ist es alles andere als klar, ob ihre Angehörigen einem Beruf nachgingen. Dass X dies und Y anderes in einer systematischen Form von Arbeitssteilung tun, ist Teil unserer Vorstellung davon, einen Beruf auszuüben. Einer meiner Onkel arbeitete in einer Automobilfabrik, ein anderer war Bäcker und ein dritter verkaufte Schönheitsprodukte. So manifestiert sich Arbeitsteilung. Doch existiert sie in vergleichbarer Gestalt für Jäger- und Sammlergesellschaften nicht. Es mag sein, dass die Männer einer Tätigkeit nachgehen (Robben jagen), während die Frauen eine andere erledigen (Eisfischen) und die erfahrenen Älteren sich wieder anderen Dingen zuwenden; am Ende mögen ganze Clans je unterschiedliche Tätigkeitsfelder besetzen, die dann freilich nicht Individuen, sondern bestimmten Verwandtschaftsgruppen zugeordnet sind. Auch wird es in diesen Jäger- und Sammlergesellschaften keine Vergütungen gegeben haben, obwohl das Fleisch erlegter größerer Tiere in vielen dieser Gemeinschaften unter den Jägern und den Mitgliedern ihrer erweiterten Familien nach komplizierten, die Verwandtschaftssysteme einbeziehenden Regeln verteilt wurde. Solche Regeln werden keine Bezug zu dem haben, was wir mit einiger Selbstverständlichkeit für die Vergütung einer ordentlich erledigten Arbeit halten – vielleicht ein Grund dafür, einmal darüber nachzudenken, wie seltsam und willkürlich diejenigen Regeln sind, nach denen in unserer eigenen Gesellschaft Arbeit vergütet wird.

In Sozietäten, wo Nahrung gesucht und gejagt wird, scheint zudem keine klare Wahrnehmung einer Trennung zwischen Wohnung und Arbeitsplatz zu bestehen, noch irgendeine Vorstellung von regulären Arbeitszeiten. Herrscht Hunger und ist Wild in Sicht, machen sich die Jäger auf ihren Weg, ansonsten wird für ein, zwei oder auch drei Tage gefaulenzt, ehe man wieder den Drang verspürt, sich aufzuraffen. Es mag auch jahreszeitliche Unterschiede für die Arten von Tätigkeit geben, denen jeweils nachzugehen ist, doch schlagen sie sich nicht in der Mikrostruktur des Tagesablaufs nieder. Etwaige Differenzen, die zwischen dem Lager (dem Ort, wo gekocht, gegessen und geschlafen wird) und der Wildnis (dort, wo nach Lebensmitteln gesucht und Wild gejagt wird) bestehen, werden höchst relativ und in einer Weise von Umständen abhängig sein, die uns höchst fremd ist.

Angesichts des für viele Jäger und Sammlergesellschaften nachgewiesenen extremen Egalitarismus werden jene »Notwendigkeiten«, auf die mit Arbeit reagiert wird, anders als in unserer Gesellschaft beschaffen und wohl auch in anderer Weise Gegenstand gelebter Erfahrung gewesen sein. Sich auf die Suche nach Heuschrecken oder die Jagd nach Rehwild zu machen, weil man Hunger verspürt, ist eine Sache; eine andere, jahrelang zur Arbeit zu gehen, um das Geld zu verdienen, mit dem am ersten Tag des Monats die fällige Hypothek getilgt werden muss. Bis in die 1960er Jahre herrschte in den Sozialwissenschaften die Ansicht vor, Menschen, die ihre Subsistenz vornehmlich durch Nahrungssuche und Jagd sichern, müssten arm und ständig hungrig seien, ihr Leben ein unausgesetzter und aufreibender Kampf mit den unerbittlichen Notwendigkeiten einer derartigen Existenz. Man ging davon aus, dass ein Leben in diesen Gesellschaften in etwa dem entsprach, was Hobbes über das menschliche Leben vor der Errichtung einer Zivilgesellschaft gesagt hatte: Es sei nämlich »einsam, armselig, scheußlich, brutal und kurz«.[12] Dagegen stellte sich Marshall Sahlins mit der These, dass Jäger- und Sammlerge-

12 Thomas Hobbes, *Leviathan*, Erster und Zweiter Teil, aus dem Englischen übersetzt von Jacob Peter Mayer, Stuttgart 1986, »Erster Teil: Vom Menschen«, Kapitel XIII.

sellschaften, um ihn zu zitieren, »die ursprünglich wohlhabenden Gesellschaften« seien.[13] Natürlich waren sie nicht in dem Sinne wohlhabend, viele Dinge zu besitzen, eher trifft das genaue Gegenteil zu, doch seien ihre Mitglieder wohl genährt und Nutznießer einer abwechslungsreichen Ernährungsweise gewesen. Sicherlich konnten sie sich besser ernähren als normale Mitglieder sesshafter Gesellschaften, die Landwirtschaft betrieben. Außerdem litten sie keinen Mangel an dem für Menschen bedeutsamsten Gut, nämlich an der Verfügung über ihre eigene Zeit. Sie befriedigten ihre Bedürfnisse mit deutlich *weniger* Arbeitsaufwand, als es für Mitglieder agrikultureller oder sogar industrieller Gesellschaften der Fall ist. Sie verfügten über mehr Freizeit und hatten eine größere Kontrolle über die Strukturierung und die Nutzung ihrer Zeit als die Mitglieder anderer Gesellschaftsformationen. Sahlins These blieb nicht unwidersprochen, doch herrscht mittlerweile weitgehender Konsens, was seinen fundamentalen Punkt betrifft.

Pastoralismus

Eine zweite Art von Subsistenzwirtschaft beruht auf Pastoralismus, das heißt auf der Hütung und Pflege von domestizierten Tieren, wie Schafen, Ziegen, Kühen, Kamelen und Lamas. Tiere zu hüten, ist wahrscheinlich eine weniger mühselige Art, den Notwendigkeiten des Lebensunterhalts nachzukommen, als auf die Jagd, etwa eine Hetzjagd, zu gehen, wie sie noch heute von Männern in der Kalahari praktiziert wird. Ihrer Beute müssen die Jäger unnachgiebig nachsetzen, stundenlang, auch in der Mittagshitze, um die Tiere völlig zu erschöpfen. Dass die Pastorale dem Abendland das literarische Modell für ein entspanntes, »idyllisches« Leben geliefert hat, wird also kein Zufall gewesen sein. In Arkadien spielt der Schafhirte

13 Vgl. Marshall Sahlins, *Stone Age Economics*, London 1974.

träge und selbstvergessen auf seiner Flöte, während er gelangweilt seine grasenden Ziegen und Schafe bewacht, gefangen in einen seltsam lüsternen Blickwechsel mit einer Schäferin (oder einem anderen Schäfer, wie in Vergils dritter Ekloge). Aber ist dieser Hirtenjunge wirklich bei der Arbeit?

Im besten Fall lieferte dieses literarische Bild, das auf Theokrit und Vergil sowie ihre zahllosen, über die Jahrhunderte verstreuten Nachahmer zurückgeht, ein außerordentlich verzerrtes Bild der Wirklichkeiten, welche die Aufzucht und Pflege von Nutztieren als Lebensform ausmachen. Niemand, dem diese Realitäten vertraut sind, würde leichtfertig bestreiten, dass Hirten ernsthafter Arbeit nachgehen: Um den Erfordernissen des Lebens zu genügen, setzen sie sich kraftraubenden Strapazen aus. Ihre Aktivität ist deutlich geregelter, systematischer und geordneter ist als diejenige von Jägern und Sammlern. Kühe müssen, wie mir gesagt wurde, jeden Tag zu mehr oder weniger derselben Zeit gemolken werden, was einer der Gründe dafür ist, warum Viehbauern gegen Zeitumstellungen sind, die den Tageslichteinfall verlegen. Zusammen mit dem Cousin sechs Stunden lang eine Gazelle zu verfolgen und sich danach für die nächsten vier Tage im Schatten auszuruhen, ist in so einem Dasein unmöglich. Im Übrigen erfüllt der Pastoralismus ohne Weiteres auch die Bedingung der Objektivität. Der Schafhirte, der sich morgens daran macht, seine zwanzig Schafe zu hüten, kehrt abends entweder mit allen Tieren zurück oder hat eines verloren (an Diebe, an Raubtiere, weil es einen Abhang hinuntergestürzt ist oder sich verlaufen hat). Eine Ziege produziert täglich einen Eimer Milch, manchmal auch kleinere (oder größere) Mengen.

Überweidung stellt für Hirten mindestens ein so großes Problem dar wie der Rückgang des Wildbestands für Jäger, weshalb sich die Basisideologie pastoraler Gesellschaften weniger um Balance und Gleichgewicht dreht als vielmehr um (natürliches) Wachstum. Reine Jäger haben in ihrem Leben keinen Platz für erworbenen »Wohlstand«, für ein Mehr von dem, was sie brauchen – wohin sollten sie es auch bringen? Demgegenüber können Hirten und Viehzüchter tatsächlich reich werden, wobei sich ihr Reichtum an der Anzahl der Hufe bemisst. Jedoch tragen sie ihre Reichtümer nicht mit sich herum, vielmehr folgt er ihnen oder wird vor ihnen hergetrieben. Für sie ist die Erzeugung von Überschuss möglich.

Also gibt es keinen Grund zu bestreiten, dass Tierhaltung Arbeit ist. Allerdings scheinen sich die Tätigkeiten, die dieser Art, den Unterhalt einer Familie oder Gemeinschaft sicherzustellen, ihren besonderen Charakter verleihen, doch einigermaßen deutlich von denen zu unterscheiden, die aus der Industriearbeit vertraut sind, also von demjenigen Modell, das uns in Sachen Arbeit gewöhnlich vor Augen steht. Um diese Differenz zu verdeutlichen, wäre festzustellen, dass sich ein Schafhirte um seine Herde »kümmert«, dass er die Schafe »umsorgt«, sie nicht wie Objekte oder eine Maschine manipuliert (und keine vergifteten Pfeile auf sie abschießt, wie es ein Jäger täte). Den Punkt hebt der platonische Sokrates im ersten Buch von Platons *Staat* hervor, wo es heißt, ein Hirte sei bestrebt, das Wohl der Schafe als ein ihnen zustehendes Gut zu fördern. Das erst später aufkommende christliche Bild vom Guten Hirten, der sein Leben für seine Schäfchen hergibt, ist eine – wohl nicht auf den Text Platons zurückweisende – Fortentwicklung dieses Gedankens. Immerhin zeigt es aber, dass der gute Hirte keine überspannte Idee griechischer Philosophen war, sondern offenbar eine weitverbreitete Vorstellung. Mein Vater behandelte die von ihm verwendeten Materialien und die Maschinen, die er bediente und reparierte, mit Umsicht und Sorgfalt, wurde dazu auch angehalten, doch würde niemand sagen, seine Arbeit bestünde darin, das Wohl dieser Lokomotiven und Kräne zu fördern. Es mag eine zufällige Eigenart unseres Sprachgebrauchs sein, eine solche Ausdruckweise unnatürlich zu finden, doch ist hier – unabhängig von der Frage, ob eine bloß sprachliche Gewohnheit vorliegt – eine tiefsitzende Intuition am Werk, die nicht einfach verschwinden wird. Das Wohl der Kichererbsen ist mir völlig egal, wenn ich sie, ohne ihm nur im Geringsten Rechnung zu tragen, schonungslos zu *Hummus* zerquetsche. Im Gegensatz dazu wird dem Schaf ein ihm als Tier eigenes (inneres) Wohl zugeschrieben. Ein Mensch mag dieses spezielle Wohl ignorieren oder vereiteln, doch ein Hirte wird, muss oder soll diesem Wohl Rechnung tragen. Anders verhält es sich bei einem Stück Metall. Es ist nie im Zustand eines ihm eigenen Wohlseins. Was allein zählt, ist, ob es unseren Zwecken – besser oder schlechter – dient. Wie die Beziehung zwischen Hirt und Herde zu denken sei, darüber waren sich allerdings nicht einmal die alten Griechen einig. In demselben Dialog, in dem Plato seine Sokrates-Figur den guten Hirten als jemand beschreiben lässt, der sich um die Schafe sorgt, wendet Thrasymachos,[14] einer der Gesprächspartner von Sokrates, ein, wer die Situation so beschreibe, stelle sie auf den Kopf. Die Gesundheit der Schafe interessiere den Hirten nicht *um ihrer selbst willen*, sondern weil er auf seinen eigenen Vorteil bedacht sei. Wer wird in dieser Beziehung, wäre zu fragen, am Ende wen essen? So gesehen unterscheidet sich die Situation zwischen Hirt und Herde nicht mehr grundlegend von der meines Vaters mit seiner Lokomotive. Vielleicht hätte er in einem Anflug von Großsprecherei behauptet, er kümmere sich um die Lokomotive im Interesse an einem reibungslosen Produktionsablauf, folglich aufgrund der allgemeinen menschlichen Vorteile, die sich aus ungestörter Produktion ergeben«. Kleingeistiger gestimmt, hätte er vielleicht mitgeteilt, er täte es zum eigenen

14 Platon, *Der Staat (Politeia)*, hrsg. und aus dem Griechischen übersetzt von Gernot Krappinger, Stuttgart 2017, 343 a–e, 344 a–c.

Vorteil, damit er seinen Job nicht verliert. Dass er nach dem Wohl der Maschine und ihrer Funktionstüchtigkeit zu *ihrem* Vorteil schaue, wäre ihm nie in den Sinn gekommen.

Wieder anders stellt sich die Situation dar, wenn ich in Erinnerung rufe, was ich über die Bemühungen der Viehhalter gesagt hatte, den Zustand der von ihnen umsorgten Tiere zu »verbessern« – etwa durch eigene Züchtung. »Verbessern« meint in diesem Zusammenhang stets Verbesserung *für uns*, das heißt Anpassung an die Zwecke, denen die Tiere unseren Vorstellungen gemäß dienen sollen. Gezüchtet werden sie, um mehr Fleisch, mehr Milch oder noch dickere Wolle zu liefern, um noch zeugungsfähiger und folgsamer zu werden, weil das die Dinge sind, für die *wir* diese Tiere halten wollen.

Allerdings habe ich den Eindruck, dass Trasymachos ein Fehler unterläuft, wenn er fragt, ob der Schafhirte das Wohl der Tiere zu ihrem oder seinem Vorteil fördere. Die Fragestellung unterstellt, es könne nur das eine oder andere, jedoch nicht beides der Fall sein. Sie geht davon aus, dass es sich um eine strikte Alternative handle. Dabei lautet die interessante Frage doch, ob Viehhaltung, korrekt betrieben, überhaupt vor diese Alternative gestellt ist. Schon die scharfe Unterscheidung, mit der die Alternative operiert, verzeichnet die Sachlage, stehen Menschen und domestizierte Tiere doch in einer symbiotischen Beziehung, in der das Gut des einen gar nicht streng vom Gut des anderen (insgesamt) abgesetzt werden kann. Vielmehr verläuft der Prozess der Domestizierung insofern zweigleisig, als an dessen Ende die domestizierende menschliche Gemeinschaft wie die domestizierten Tiere in wechselseitiger Abhängigkeit existieren. Als sich Montaigne durch seine Katze unterhalten fand, fragte er sich völlig zu Recht, ob nicht vielmehr sie mit ihm gespielt habe.[15] Auch wenn es stimmt, dass

15 »Wenn ich mit meiner Katze spiele, wer weiß, ob sie sich nicht noch mehr mit mir die Zeit vertreibt als ich mit ihr?«, zitiert nach: Michel

Menschen Schafe verspeisen, wird nicht weniger wahr sein, dass sie ohne die Schafe gar nicht überleben könnten und dass diese Abhängigkeit menschliches Verhalten zutiefst prägt. Die Antwort auf die Frage »Wer wen isst?« klärt das Problem schon deshalb nicht, weil sich Parasiten, wie bereits ihr Name verrät, dadurch erhalten, dass sie sich von uns ernähren. Nur würde uns doch gänzlich widerstreben, die gesamte menschliche Geschichte, inklusive der Dichtungen von Homer, der Kathedrale von Chartres und Beethovens späten Streichquartetten, nur für ein Mittel zu halten, dem sich die Reproduktion der gegenwärtigen Generation von Bandwürmern, Wanzen oder einer Amöbenruhr verdankt, weil sich diese Organismen an uns als ihren Wirten gütlich halten.

Also stellt sich der Pastoralismus doch wie etwas dar, das wir »Arbeit« nennen, nämlich als eine anstrengende und kraftraubende Tätigkeit, die in objektiver Form zur Subsistenz beiträgt. Ein paar Differenzen bestehen gleichwohl, etwa das Ethos der Sorge, das doch ein notwendiger Bestandteil dieser Lebensform zu sein scheint. Oder die Tatsache, dass Viehhüter in der Regel kein Geld für ihre Tätigkeit erhalten. Freilich weist ihre Lebensweise ein Charakteristikum auf, das sie von derjenigen der Jäger und Sammler unterscheidet. Es handelt sich um einen Vorläufer monetärer Vergütung, der den Viehhaltern die anhaltende Möglichkeit erschließt, etwas einem Lohn oder einer Gehaltszahlung Vergleichbares für ihre Arbeit zu erhalten. Sie können nämlich reich werden, wobei dieser Reichtum sogar in zählbarer Gestalt auftritt, was dann auch den Vergleich von Reichtum unter den Viehhaltern erlaubt. Erst wenn derartige Vergleiche angestellt werden können, gewinnt der Begriff »Reichtum« seinen Sinn: Ein Mann, der fünf Kamele besitzt, ist reicher als derjenige, der nur drei hat. Es genügt, die Kamele

de Montaigne, *Essais*, Auswahl und Übersetzung von Herbert Lüthy, Zürich 1953, S. 433.

einfach zu zählen. Folglich kann ich anbieten, fünfzig Schafe einen Monat lang zu hüten, *wenn ich dafür drei von ihnen am Ende des Monats bekomme*. Ich kann jemand anderem auch anbieten, seine fünfzig Schafe für zwei Monate zu hüten, *vorausgesetzt er gibt mir dafür* sechs Schafe. Im Prinzip könnte ich dann Ende des Jahres jemanden – ein anderes Wort scheint es nicht zu geben – »anstellen«, der *meine* (inzwischen zustande gekommene) Herde beaufsichtigt und ihm ein paar Schafe als Bezahlung in Aussicht stellen. Nichts von alldem muss der tatsächlichen historischen Entwicklung entsprechen, die stattgefunden hat, doch ist immerhin vorstellbar, dass Viehhalter auf diese Weise begonnen haben, ihre Arbeit zu organisieren. Man denke nur an die zwanghaft aufgelisteten Zahlenangaben zum Bestand an Schafen und die obsessive Beschäftigung mit der Vergrößerung der eigenen Herde, die sich in den Geschichten über die Patriarchen finden, die das Alte und Neue Testament überliefert.

Aus unterschiedlichen Gründen gehört nichts dergleichen zu den Üblichkeiten in Gesellschaften, in denen gejagt und Nahrung gesucht wird. Zunächst fällt die ungeheure Vielfalt an Dingen auf, die in diesen Gesellschaften unternommen werden, um an Nahrung zu kommen, auch die Mannigfaltigkeit der Lebensmittel, die konsumiert werden, sowie der vergleichsweise egalitäre Zugang zu dem, was an Nahrung vorfindlich ist. Wie aber lassen sich leicht zu findende Nüsse, die an vielen Orten in der Umgebung fast das ganze Jahr über von jedermann gesammelt werden können, mit Honig vergleichen, an den kaum heranzukommen und der nur schwer zu sammeln ist? Oder mit Fisch, der nach mäßigem Kraftaufwand ins Netz geht? Oder mit einer Gazelle, die zu erlegen, zwei Männern im besten Alter verlangt? Oder schließlich mit einem Kudu, einer großen Wildantilope, die zu einer Herde von hundert Tieren gehört und die eine größere Gruppe von Jägern nach einer langwierigen und komplizierten Hetzjagd über einen Felsvorsprung treibt, um sie jetzt, nach dem tödlichen Absturz, zerlegen und verteilen zu müssen? Offenkundig gibt es hier keine gemeinsame Verrechnungseinheit. Der nächste Schritt wird also erst getan, wenn eine Gemeinschaft von Viehhaltern übereinkommt, dass – sagen wir – zwanzig Schafe gegen ein Kamel getauscht werden können. Damit wird der Weg Richtung Geld beschritten, im Lateinischen, wie man sich erinnert, *pecunia*, abgeleitet von dem Wort für Vieh *(pecus)*.

Landwirtschaft

Landwirtschaft oder Ackerbau im weitesten Sinne ist die dritte Gestalt von Subsistenzwirtschaft. Zu ihr gehört auch der Gartenbau, dessen Anfänge Jahrtausende zurückliegen. Diese Art, für seinen Lebensunterhalt zu sorgen, hat die Lebensweise der Menschen über sehr lange Zeit beherrscht: Noch bis in das 19. Jahrhundert hinein ging eine große Mehrheit der Bevölkerung in den meisten Ländern des Westens landwirtschaftlichen Tätigkeiten nach (wozu auch Viehzucht in unterschiedlichen Ausprägungen gezählt hat). Wie ungeheuer mühsam Ackerbau als Lebensform ist, sticht – schon von außen betrachtet – sofort ins Auge. Die Arbeit in einem Reis- oder Weizenfeld verlangt deutlich mehr Anstrengung, zumal ausdauernde Anstrengung, als es Jagd und Viehhaltung dort tun, wo sie möglich sind. Warum sich die menschliche Gattung systematischen Ackerbau überhaupt zugemutet hat, ist daher eine wirklich gute Frage. Wie sie zu beantworten ist, darüber sind sich die Experten meines Wissens keineswegs einig. Ist die Landwirtschaft, insbesondere der monokulturelle Anbau einer der klassischen Getreidesorten, einmal eingeführt, wird unmittelbar nachvollziehbar, warum Menschen, die in dem engmaschigen Netzwerk sozialer Abhängigkeiten aufwachsen, das solche Gesellschaften prägt, kaum die Wahl blieb, etwas anderes zu tun, als mit der Bestellung ihrer Felder fortzufahren. Sie oblag in den meisten Ackerbauregionen den Familien relativ selbstständiger Bauern. Auch sie hatten angesichts einer natürlichen Umwelt, die im Interesse an gesteigerter landwirtschaftlicher Produktivität massiv umgestaltet worden war, in den meisten Fällen keine Wahl. Die Sicherung des Lebensunterhalts durch Jagen und Sammeln hätte in derartigen Umwelten nicht schwieriger sein können. Reisfelder sind einfach schlechte Jagdgründe.

Wie man die Situation dieser »freien« Landwirte auch beurteilen mag, historisch gesehen bleibt allemal zutreffend, dass ein signifikant hoher Anteil landwirtschaftlicher Arbeit auf mehr oder weniger erzwungenen Tätigkeiten beruhte, wobei die Art, wie dieser Zwang ausgeübt wurde, von Gesellschaft zu Gesellschaft variierte. In zahlreichen Gesellschaften wurden Sklaven, Kriegsgefangene und verurteilte Kriminelle zur Arbeit in der Landwirtschaft herangezogen. Sichtbar wird die Ausübung von Zwang hier in einer ihrer unmittelbarsten und klarsten Erscheinungsformen: Auf den Feldern wurden die Individuen aneinander gekettet und solange gepeitscht, bis sie Tabak, Zucker oder Baumwolle angepflanzt und geerntet hatten; sie wurden an Mühlsteine gefesselt, um Getreide zu mahlen, oder in Tretmühlen gezwungen, damit sich das Rad unter dem Einsatz der Peitsche in Bewegung setzt. Bekanntlich sind Menschen besonders erfinderisch gewesen, soweit es um die Einführung immer ausgefeilterer und indirekterer Varianten von Zwangsausübung ging oder die Institutionalisierung aller möglicher Formen, wie es beschönigend hieß, von »abhängiger Arbeit«. Es gab, um nur einige solcher sozial institutionalisierten Formen aufzulisten, Heloten, Arbeitsverpflichtete, Fronarbeiter, Leibeigene, Kulis, Schuldknechte, Hofleute, Zinsbauern und die *Coloni* im Römischen Reich. In vielen traditionalen Gesellschaften war ein Großteil der kleinbäuerlichen

Landwirte »an den Boden« gebunden (das mittelalterliche Latein spricht von *glebae adscripti*), so etwa die Leibeigenen im Europa des Feudalismus, denen gesetzlich untersagt war, ihren Hof zu verlassen. Ihn hatten sie zu bewirtschaften und einen festgelegten Teil ihrer Ernte an den Feudalherrn abzuführen. Zudem unterstanden sie einer Vielzahl gewohnheitsrechtlicher Pflichten, zu denen unterschiedliche Frondienste *(corvée)* gehörten. Unzählige Regelungen, die obligatorisch festlegten, was die Bauern ihren Feudalherren schuldeten, existierten. Unter diesen Bedingungen bezeichnete »Notwendigkeit«, wie ohne Übertreibung festzustellen ist, eine bedrückende Kombination, in der sich das selbstverständliche Erfordernis, die eigene Familie ernähren zu müssen, mit der Drohung verband, der Feudalherr werde das umfassende militärische und gesetzgeberische Instrumentarium, über das er (oder sie, etwa eine Gemeinschaft von Mönchen) verfügte, zur Anwendung bringen.

Gewiss trifft zu, dass Leibeigene im Mittelalter hart, sogar sehr hart, gearbeitet haben, freilich übten sie keine Berufe aus. Ein Leibeigener zu sein, ist keine Berufstätigkeit, erst recht keine Vollzeit-Beschäftigung, sondern ein bestimmter sozialer Status, was in der Tat etwas vollkommen anderes ist. Ein Status kann auf unterschiedliche Weise erworben werden, etwa dadurch, dass man als Leibeigener irgendeines Adligen zur Welt kommt, nur lässt er sich definitiv nicht *nach Belieben* verändern. Wenn jemand sagt, er habe einen Beruf, wird in der Regel angenommen, dass es ein »Ich« gibt, das besagten Beruf ausübt. Gemeint ist ein Subjekt, das über gewisse Vermögen zu freier Wahl verfügt. Demgegenüber ist ein Leibeigener kein »Ich«, das aufgrund rein zufälliger Umstände in diesem Augenblick nun einmal Leibeigener ist. Es handelt sich bestimmt nicht um ein Subjekt, das sich in irgendeiner Weise dazu »entschieden« hat, Leibeigener zu sein, sondern um jemanden, der *wesentlich* Leibeigener ist.

Auch »Berufene« ließen sich in gewisser Weise als Leibeigene ansehen, da sie vollständig in ihrer Berufung aufgehen. So waren die Dominikaner, gemäß einer irrigen Volksetymologie, nicht nur Leibeigene, sondern die »Hunde des Herrn« *(domini cani)*. Und die Jesuiten erwarteten von ihren Ordensmitgliedern, der Vorsehung, die sich »durch ihre Oberen« kundtue, so zu gehorchen, als seien sie willenslose »Leichen« *(cadaver)*. Dem religiösen Gebot, sich vollständig in einen Diener oder Sklaven der Gottheit zu verwandeln, korrespondiert eine theologische Doktrin, der zufolge – wie einige religiöse Denker meinten – allein ein Dasein als Gottes Sklave vollkommene, die einzige den Menschen zugängliche Freiheit gewähre.

Leibeigene sind ihren Feudalherren nicht durch soziale Obligationen verbunden, die nur eine Richtung kennen. Es gibt zumindest prinzipiell auch Dinge, die ihnen die Feudalherren schuldig sind. Allerdings wird die Kluft zwischen diesem Prinzip und der Wirklichkeit ziemlich groß ausgefallen sein, besitzen Leibeigene doch praktisch keine Machtmittel, um den Feudalherren die ihnen ungelegenen, wiewohl herkömmlichen Vergünstigungen abzutrotzen. Sowohl diese vermeintlichen Vergünstigungen – etwa einmal jährlich neue Kleidung oder die Erlaubnis zur Nachlese auf den Feldern der Feudalherren am Tag nach der Ernte – als auch die Gaben der Leibeigenen – sei es nun das Fass Bier anlässlich der Heirat des ältesten Sohnes eines Feudalherrn oder der Verheiratung seiner Töchter, sei es das erste Paar Rebhühner, da sie im Herbst fangen – wurden nicht als Zahlungen oder als Tausch, der einer Bezahlung gleichkäme, betrachtet, sondern als gewohnheitsrechtliche Verpflichtungen, die aus dem jeweiligen Status von Herr und Leibeigenem hervorgehen. Anders als bei Formen eines *quid pro quo* handelt es sich vielmehr um Üblichkeiten, die aus der bestehenden Sozialbeziehung abgeleitet sind, sie bestätigen und bekräftigen. Im Allgemeinen basieren Statusbeziehungen dieser Art nicht auf Vereinbarungen, die wir etwa als »Verträge« bezeichnen würden. Diese die Statusverteilung aufrechterhaltenden Interaktionen werden nicht über den vereinzelten Tausch von Objekten reguliert, die unter ökonomischer Hinsicht als äquivalent oder »von gleichem Wert« gelten. Faktisch erhalten die Leibeigenen keine Bezahlung. Als die feudalen Pflichtabgaben von Gütern und Diensten – für beide beteiligte Seiten – in monetäre Zahlungen konvertiert wurden, wozu es in der Sozialgeschichte schließlich kam, lieferte dieser Vorgang schon als solcher ein deutliches Zeichen dafür, dass die Welt des Feudalismus im Untergang begriffen war.

Handwerk

Im herkömmlichen Vier-Stufen-Schema schließt sich der Landwirtschaft direkt der Handel (beziehungsweise die Industrie) an. Damit übergeht das Schema einen eigenständigen Modus von Arbeit, nämlich das individuell betriebene Handwerk. Der einzelne Handwerker – Töpfer, Zimmerer oder Schneider – treibt keine Landwirtschaft, ist aber auch nicht Teil einer weitgehend mechanisierten Form industrieller Fertigung. In vielen Schematisierungen historischer Abläufe bleibt das Handwerk unter der Annahme unberücksichtigt, es bilde einen grundsätzlich untergeordneten Sektor in einer Gesellschaft, die durch eine andere Produktionsweise (gewöhnlich Landwirtschaft oder Industrie) geprägt werde. Im Grunde könnte eine ganze Gesellschaft davon leben, zu jagen und zu sammeln, Vieh zu halten, Nahrungsmittel – eventuell sogar agrarindustriell – anzubauen, jedoch nicht von der ausschließlich handwerklichen Tätigkeit Einzelner, die in kleinen Werkstätten die immer gleichen Lederstiefel, Musikinstrumente oder Möbelstücke anfertigen. Dennoch ist das Handwerk in theoretischer Hinsicht bedeutsam, schon weil auf seine Existenz eine Vorstellung zurückgeht, die nach wie vor viele Leute beeinflusst, nämlich die Vorstellung vom berechtigten »Stolz auf die eigene Arbeit« oder »auf gute Verarbeitung dank handwerklichen Könnens«. Ein solcher Stolz scheint unsere Annahmen über die Art von Befriedigung zu inspirieren, die ein Arbeiter aus seiner Tätigkeit ziehen *sollte*. Selbstverständlich sind auch Jäger auf ihre Fertigkeiten stolz, obwohl einige der egalitäreren Gemeinschaften von Jägern und Sammlern den Äußerungen eines solchen Stolzes mit großem sozialen Druck begegnen. Auch Ackerbauern bringt die Arbeit auf dem Feld nicht in Verlegenheit, sie schämen sich nicht für ihr Tagewerk, doch ist das eine andere Sache. Dass sie dem Fleckchen Erde, das die Familie bewirtschaftet, in großer Anhänglichkeit verbunden sind, ist eine für Bauern charakteristische Einstellung. So sind es in der Tat eher die Handwerker, die auf ihre Arbeit stolz sind.

Während der letzten gut zwei Jahrhunderte oszillierten die Moden zwischen den beiden Polen einer Ästhetik, die entweder auf industrieller Fertigung fußte oder handwerkliche Praktiken favorisierte. Maschinelle Fertigung übte lange Zeit eine besondere Faszination aus. Auf einer Mauerwand in Cambridge lassen sich heute noch die Konturen einer alten Werbung ausmachen, die – ihrer Typografie nach zu urteilen – aus der Zeit vor dem Zweiten Weltkrieg stammt. Sie bewirbt eine Brotsorte, die mit dem Argument angepriesen wird, sie sei »vollständig maschinell gefertigt«. Vermutlich wird das meiste Brot immer noch so gebacken, nur käme heutzutage niemand auf die Idee, das für einen besonderen Grund zu halten, gerade diese Sorten zu kaufen. Was uns viel eher anzieht, ist selbstgebackenes Vollkornbrot, Bier einer lokalen Brauerei, in kleinen Destillerien gebrannter Whiskey und überhaupt alles Handverlesene (seien es Früchte, Gemüse oder die erlesenen Trauben, aus denen Wein gemacht wird). Wir greifen zu Produkten, die vorgeben, mit individuellem Sinn für Detail und Qualität gefertigt zu sein, wie ihn angeblich nur noch das Handwerk zulässt. Ein gewisses Maß der Gesellschaftskritik an der Industriearbeit wird der Enttäuschung darüber geschuldet sein, dass deren Erzeugnisse eben die Vorzüge vermissen lassen, die handwerklicher Fertigung zugeschrieben werden: die sorgfältige Anpassung an individuelle und potenziell idiosynkratische Zwecke (Maßarbeit), das generell hohe Qualitätsniveau der Produkte, die einer Handwerkerin gegebene Möglichkeit, ihrem Produkt wie seiner Herstellung eine eigene Handschrift mitzugeben, der Stolz auf das fertige Produkt. In den Texten einiger Denker des 19. und frühen 20. Jahrhundert ist ein gewisses Schwanken zu beobachten. Sie sind sich unschlüssig, ob wir uns »rückwärts« bewegen und versuchen sollten, der industriellen Arbeit mehr Möglichkeiten individueller Selbstverwirklichung abzugewinnen, wie sie vermeintlich im Handwerk bestehen, oder die Industrialisierung der Arbeit nach »vorwärts« treiben müssten, was den Werktätigen am Ende erlauben würde, sich aus vollautomatisierten Fertigungsprozessen zurückzuziehen, um sich mit der dadurch gewonnenen Freiheit andernorts nach Chancen für eigene Selbstverwirklichung und Selbstbejahung umzusehen.

3 Die Anthropologie und Ökonomie der Arbeit

Die zurückliegenden zwei Kapitel haben ein eher düsteres Bild der Arbeit und ihres Sitzes im menschlichen Leben gezeichnet, zumindest seit der Zeit, in der die Menschen sesshaft wurden und damit begannen, planmäßig Landwirtschaft in einer Weise zu treiben, die zu unserer Abhängigkeit vom Ackerbau führte. Es hat den Anschein, dass sich die Notwendigkeit für eine Gesellschaft, genug zu produzieren, um Subsistenz sicherzustellen, über eine fast unüberschaubare Serie komplexer Pfade schließlich in einer höchst lokalen Gestalt von Zwang niederschlägt, die mich in *dieser* Situation dazu nötigt, mir die anstrengende Bewältigung einer unerfreulichen Aufgabe abzuverlangen, die ich lieber nicht auf mich nehmen würde. Ist die Situation tatsächlich so kläglich, wie es diese Überlegung nahezulegen scheint?

Da es sich um eine allgemeine Frage handelt, ist wohl eine Antwort in Form von so etwas wie einer philosophischen Anthropologie fällig. Also wäre darzulegen, welche Art von Geschöpf beziehungsweise lebendem Ding ein menschliches Wesen ist und welche Eigenschaften ein derartiges Lebewesen gewöhnlich oder ausnahmslos an den Tag legt.

Faulenzer

Populäres ökonomisches Gedankengut – gemeint sind die Dinge, die gewöhnliche Leute etwas unbedacht von sich geben, wenn es um das Thema Beschäftigung geht – und gängige Äußerungen von Figuren aus der Politik scheinen von der Voraussetzung auszugehen, dass Menschen natürlicherweise arbeitsscheu sind. Einige vertreten die Überzeugung, menschliche Wesen seien von Haus aus faul, würden kraftraubende Anstrengungen offensichtlich meiden. Die Anhänger dieser Sichtweise werden für sich in Anspruch nehmen, schlichte Beobachtung reiche zur Bestätigung ihrer Überzeugung aus. Wer Fabrikarbeitern anböte, sie könnten bei gleichem Lohn 40 oder 45 Stunden pro Woche arbeiten, würde schon sehen, was sie ausnahmslos bevorzugen werden. Auch historisch hat menschliche Erfindungskunst generell den Kurs verfolgt, Wege ausfindig zu machen, um menschlichen Kraftaufwand bei der Erledigung der Sachen zu minimieren, die anstehen: Zunächst wurden Tiere domestiziert, damit sie unsere Lasten tragen, dann haben wir sie durch Maschinen ersetzt. Es gibt auch keine Laboratorien oder Forschungsinstitute, die Studien darüber anstellen, wie sich die Anstrengung beim Schnüren unserer Schuhe oder Kochen unserer Mahlzeiten *erhöhen* ließe. Das ist trotz der Tatsache zutreffend, dass eine Menge Leute Sportstudios in der Absicht beitreten, sich dort die Bewegung zu verschaffen, die ein menschliches Lebewesen braucht, um in Form zu bleiben. Und wendet man sich den utopischen Träumereien zu, denen Menschen in ihrer Geschichte nachgehangen und die sie zum Ausdruck gebracht haben, so ist die Entlastung von Arbeit ein ständig wiederkehrendes Motiv. In Westeuropa hat sich bäuerliche Imagination in Fantasien vom »Schlaraffenland« manifestiert, wie es das berühmte aus dem 16. Jahrhundert stammende Gemälde von Pieter Bruegel dem Älteren darstellt (es hängt in Münchens Alter Pinakothek). Auf dem Bild hat es sich eine Gruppe von Bauern bequem gemacht, die ausgestreckt auf dem Boden liegen. Sie verprassen Nahrungsmittel, die weder angebaut noch zubereitet werden müssen. Die Eier haben kurze Beine, auf denen sie den schläfrigen menschlichen Gestalten entgegenkommen. Ihre Schalen sind bereits aufgebrochen, hilfreicherweise auch mit hervorstehenden Messern versehen, sodass sie sich bequem verspeisen lassen. Nichts anderes müssen die Bauern auf dem Gemälde tun, als nur ihre Münder öffnen, in die das Geflügel, bereits gebraten, nach eigenem Gutdünken hineinfliegt. Also könnte man meinen, McDonald's, Burger King und Kentucky Fried Chicken seien zumindest für die Wahrnehmung ihrer Kunden (wenn auch nicht für diejenige der Belegschaften) die Verwirklichung eines Traumes. Einige werden allerdings denken, es handle sich bei diesen global operierenden Unternehmen um eine geradezu teuflische Umsetzung dieser alten bäuerlichen Phantasmen in eine Hölle auf Erden, die offenbar aber attraktiv für eine gigantische Kundschaft ist. Was allemal erträumt wird, ist eine Welt ohne Anstrengung (ohne die kraftzehrende Inanspruchnahme planmäßig organisierter Arbeit).

Worauf dieser Gedankengang hinausläuft, dürfte klar sein. Wenn Arbeit unabdingbar für das menschliche Überleben ist und die Gattung tatsächlich auf lange Sicht überleben will, dann sollte es etwas geben, das sowohl die natürliche Neigung des Menschen, ausschließlich für den Augenblick zu leben, als auch die angeborenen Tendenzen zu vollständigem Müßiggang durchkreuzt. Drei mögliche Wege zeichnen sich ab: Man kann die Leute durch (direkten oder indirekten) Zwang zur Arbeit anhalten, man kann an Gründe appellieren, die sie von der Notwendigkeit der Arbeit überzeugen, schließlich kann man sie dadurch zur Arbeit animieren, dass (positive oder negative, nichtrationale) Anreize bereitgestellt werden.

Zwang

Es ist wichtig, gleich eingangs festzuhalten, dass Zwang, direkter Zwang, in der Sphäre der Arbeit buchstäblich kontraproduktiv, zumindest höchst ineffizient, ist. Selbstverständlich gibt es so etwas wie echte körperliche Zwangsausübung. Ich kann jemanden zwingen, eine Taste zu drücken, indem ich seine Hand nehme und einen solchen Druck auf sie ausübe, dass die Hand die Taste niederdrückt. Auch kann ich einen Sklaven überwältigen, der einen Spaten hält, und seinem Arm – vorausgesetzt, dass ich kräftig genug bin – eine Bewegung aufzwingen, durch die der Spaten ins Erdreich stößt. Nur könnte mir nach einigen solcher Anläufe der Gedanke kommen, es sei leichter, den Spaten selbst zu benutzen. Damit soll die Existenz von Zwang in sozialen Beziehungen nicht bestritten, sondern nur unterstrichen werden, dass die Maßnahmen, die wir in der Arbeitswelt »Zwang« nennen, gewöhnlich nicht in derart direkter Form auftreten. Sprechen wir davon, jemand werde zur Arbeit gezwungen, ist gemeint, dass wir eine Situation aktiv herbeiführen, in der die fragliche Person vernünftigerweise keine andere Wahl hat, als die anstehende Tätigkeit auszuführen. Beaufsichtige ich eine Sklavin und peitsche sie aus, bis sie zu arbeiten beginnt, tue ich nichts anderes, als ihre keine Wahl zu lassen, keine andere, vernünftige Möglichkeit als die, ihre Arbeit aufzunehmen, wobei sie unter »vernünftig« selbstverständlich anderes verstehen wird als ich. Der Einsatz der Peitsche kann dann in dem Maße als effizient angesehen werde, wie er mir erlaubt, die Sklavin nicht *die ganze Zeit* peitschen zu müssen (und wie er weniger kraftraubend ist als die Bewältigung der anstehenden Arbeitsaufgabe). Für die Sklavenhalter wäre es allerdings noch effizienter, könnten sie auf die Peitschenhiebe verzichten und es bei verbalen Drohungen belassen. Offenkundig zwingt man eine Sklavin nicht zur Arbeit, wenn man sie tötet, obwohl die (glaubwürdige) Androhung, ihr das Leben zu nehmen, ein Ansporn für sie sein könnte und ein gleichartiger Ansporn für andere Sklaven, die ihre Tötung mitansehen müssten.

Abgesehen davon, dass direkte Zwangsausübung oder deren Androhung auf Widerstand stoßen könnte, vermag Grausamkeit tatsächlich aktive Opposition zumindest bei denen hervorzurufen, die dazu in der Lage sind. Niemand ist jederzeit zu Widerstand fähig, doch einige zu gewissen Zeiten. Also besteht ein weiterer Grund dafür, von der Anwendung direkten Zwangs Abstand zu nehmen, jedenfalls in einer Situation, in der man sich absolut sicher sein kann, dass diejenigen, die zu Gegenwehr bereit wären, einerseits nachhaltig daran gehindert sind, zur Tat zu schreiten, ohne andererseits in ihrem Arbeitsvermögen eingeschränkt zu sein. Aber wie ließe sich eine derartige Situation überhaupt herbeiführen?

Viele Sklavenhalter waren Sadisten. Schon die Sklaverei als solche brutalisierte alle, die an ihr als sozialer Institution beteiligt waren. Rein unter dem Gesichtspunkt der *Arbeit* hat ein Sklavenhalter kein Interesse daran, die Sklaven körperlich zu verletzen oder umzubringen. Er will ihre Arbeitskraft kontrollieren, was voraussetzt, dass sie arbeitsfähig sind. So ergibt sich eine der Paradoxien von Sklaverei. Um ihrer Profitabilität willen muss dem Sklavenhalter daran gelegen sein, dass seine Sklaven vital und tüchtig (beispielsweise bei ihrer Arbeit auf einer Plantage), jedoch nicht selbstständig sind. Die Arbeiter an der Einrichtung eines effizient operierenden Arbeitsregimes ihrerseits zu beteiligen, wäre sinnvoll. Könnte ich sie einbeziehen, würde der Einsatz meiner Peitsche zunehmend überflüssig. Nur ist die Umsetzung eines solches Projekts im Regime versklavter Arbeit aussichtlos. Je länger man darüber nachdenkt, umso schwieriger erscheint es, ein Versklavungsregime tatsächlich effizient zu führen. Alle Systeme, die nicht mehr oder weniger reine Erscheinungsformen versklavter Arbeit sind, lassen Raum für anderes oder müssen ihn schaffen.

Wir wissen, dass Menschen auf »natürliche« Hindernisse in der Tat anders reagieren als auf solche, die sie als menschengemacht ansehen können. Insbesondere wissen sie zwischen natürlichen Hindernissen und solchen Erschwernissen zu unterscheiden, die von anderen in der speziellen Absicht errichtet wurden, ihre Begierden zu durchkreuzen oder ihnen bestimmte Handlungsweisen aufzunötigen. Was sie nicht leiden können, sind zumal Hürden der letzteren Art. Folglich werden Individuen und Gruppen, die verzerrte Anreizstrukturen erzeugen, versuchen, sich – wenn sie klug sind – hinter der Fiktion zu verbergen, es handle sich nicht um aufgezwungene menschliche Konstrukte, sondern um »Tatsachen der Natur«. Und damit kommt die menschliche Erfindungsgabe zu ihren großen Auftritten. In seinem Buch *Überwachen und Strafen*[16] behandelt Foucault unterschiedliche Weisen, in denen die Strukturierung von Raum ihrerseits zu einer Form indirekter Kontrolle wird. Daran ist nicht zuletzt interessant, wie der mögliche Aktionsradius derer, die unter Zwang gestellt sind, verschoben, zerstreut, umgeleitet oder annulliert werden kann, wird die Zwangsgewalt nicht der direkten Intervention einiger Individuen zugeschrieben, sondern anonymen Merkmalen der Situation. Eines der einschlägigsten Beispiele bei Foucault ist das Panoptikum. Ein solches Gebäude erhöht die Sichtbarkeit der Leute, die dort, also etwa in einem Gefängnis, unter Beobachtung gehalten werden sollen. In einem Panoptikum macht die Raumstruktur sowohl das Innere jeder Zelle für die Person sichtbar, die sich gerade im zentralen Beobachtungsturm aufhält, als auch jedem Insassen klar, wie es sich mit seiner Sichtbarkeit für andere verhält. Umgekehrt werden Vorkehrungen getroffen, die sicherstellen, dass die Insassen zu keinem Zeitpunkt wissen, wer und ob sich überhaupt jemand im Beobachtungsturm aufhält. Also funktioniert in einem Panoptikum das Gebäude selbst als Zwangsinstrument, weil die Insassen nie wissen, wann sie faktisch unter Beobachtung stehen, vielmehr unterstellen müssen, sie würden ständig be-

16 Siehe Michel Foucault, *Überwachen und Strafen. Die Geburt des Gefängnisses*, aus dem Französischen von Walter Seitter, Frankfurt am Main 1993.

obachtet. Wohlgemerkt stellt sich dieser Effekt selbst dann ein, wenn der Turm unbemannt ist (vorausgesetzt, den Insassen bleibt jeder Einblick verwehrt). Insofern ist es durchaus nicht der einzelne Wächter, der auf direkte Weise die Wünsche der Insassen hintertreibt.

Das Beispiel stammt, wie erwähnt, aus Foucaults Darstellung des Gefängnissystems, doch ist leicht zu sehen, wie sich in analoger Weise Arbeitsplätze beschreiben ließen und andere Merkmale, die für viele Systeme von Arbeitsorganisation zentral sind.

Begründen

Für einen Moment sollten wir jetzt Arbeitsregime zurückstellen, die offenkundig und zu weiten Teilen auf Zwang oder der Androhung von Schmerzen beruhen, und uns dem zweiten der drei Wege zuwenden, der Faulheit entgegenzuwirken, also dem Appell an Gründe. Dass Vernunft in der Gestalt weitsichtiger Vorsorge, genauer gesagt: als Berechnung von Zukunft, zu diesem Zweck mobilisierbar sei, könnte eine Hoffnung sein. Doch ist es an sich schon vernünftiger, die Zukunft der Gegenwart vorzuziehen? Es wird einige Unverbesserliche geben, die wie die Zikade in La Fontaines Fabel alle Sommertage glücklich damit verbringen zu singen, ohne den Winter vorzubereiten, anstatt wie die Ameise Vorräte zur zukünftigen Verwendung anzulegen. Möglicherweise lassen sich andere von der Beobachtung leiten, dass wir heute säen müssen, sollen wir – unsere Gemeinschaft als Ganze – im nächsten Winter nicht verhungern. Vielleicht wiegt die Betrachtung der Zukunft für viele schwerer als gegenwärtiges Vergnügen, aber wäre damit schon gezeigt, dass die Priorisierung der Zukunft vernünftig ist?

Appelle an Gründe stoßen auf mindestens drei Schwierigkeiten. Die erste besteht darin, dass Vernunft in praktischen Kontexten beileibe nicht so gut definiert ist, wie viele Philosophen meinen. »Wir müssen die Saat jetzt ausbringen!« mag einleuchten, fordert dazu etwa ein Dorfvorsteher auf. Ist jedoch gemeint »*Ihr alle* müsst *jetzt* auf *diesen* Feldern säen!«, steht die Sache auf einem ganz anderen Blatt. Daran ändert auch der Umstand nichts, dass der Dorfälteste womöglich völlig im Recht ist. Je komplexer eine Ökonomie ist, umso intransparenter und umstrittener fallen die kausalen Verbindungen aus, die ein Wirtschaftssystem ausmachen. Zweitens ist Appellen an die Vernunft wenig Erfolg beschieden, wenn die Gesellschaft, in der sie vorgebracht werden, ihrerseits die bloße Idee von Vernünftigkeit aufs Gröbste beleidigt. Mit diesem Argument erklärt Hegel[17], warum uns Modernen die Inanspruchnahme von Vernunft bei den Denkern des Mittelalters, die Regelungen des Sozialen behandeln, schlicht haarsträubend erscheint. Die mittelalterliche Gesellschaft lässt sich nicht als rational darstellen, weil sie nicht vernünftig eingerichtet war und nicht einmal vorgab, es zu sein: Es handelte sich um eine Ansammlung von Singularitäten, die auf Zufällen der Geografie und Biologie beruhten, auf geschichtlichen Anomalitäten, Machtbeziehungen und religiösen Fantastereien unterschiedlichster Art. Deshalb kommt es vielen, die einen mittelalterlichen Denker wie Thomas von Aquin lesen, so vor, als käme ihnen der Ausruf »*Dieu le veult*« zu Ohren, den ein Haufen von Kreuzrittern, die ihre Schwerter schwingen, lauthals und unisono herausbrüllt. Selbstverständlich ist nichts an lautem und einstimmigem Gebrüll auszusetzen, es mag die Geister beleben und Feinde einschüchtern, nur sollte man es nicht mit Vernunftappellen verwechseln. Hegel meint, auch in der mittelalterlichen Gesellschaft verkörpere sich insofern eine Art von Vernunft, als sie notwendiger Teil eines Prozesses war, der schließlich zur Welt

17 Siehe G.W. F. Hegel, *Werke*, hrsg. von Eva Moldenhauer und Karl Markus Michel, Frankfurt 1970, Bd. 7, S. 442 f., S. 467; Bd. 10, S. 340–345; Bd. 12, S. 444–446, S. 527–531 und Bd. 19, S. 542 f.

der Moderne geführt habe. Allerdings wird man zu dieser Ansicht nur retrospektiv gelangen, von einem Standpunkt, den niemand, der im Mittelalter lebte, hätte beziehen können. Also bestand für Hegel einer der wichtigen Fortschritte der Französischen Revolution nicht darin, dass sie eine rationale Gesellschaft geschaffen hat – das war sicherlich nicht der Fall –, sondern darin, dass zum ersten Mal die Idee ausdrücklich und prägnant formuliert (auch als politische Forderung vorgebracht) wurde, Gesellschaft sei in all ihren Aspekten als durchgehend rational zu behandeln. Ob Hegel damit nun richtig oder falsch lag – hatte sich nicht schon Platon eine vollständig rational eingerichtete Gesellschaft vorgestellt? –, mag ebenso dahingestellt bleiben wie die Frage, ob man die Einzelheiten seiner Darstellung akzeptiert. Außer Zweifel scheint gleichwohl zu stehen, dass es gute Gründe dafür gibt, sich tatsächlich zweimal zu überlegen, im Kontext politischer und ökonomischer Belange an die Vernunft zu appellieren, bekommt man vom sozialen Kuchen mehr, als einem vernünftigerweise zusteht.

Schließlich und drittens weiß jeder um die Unzuverlässigkeit und Schwäche der Vernunft – selbst wenn Einverständnis darüber herrscht, was sie »fordert« – als einer Quelle von Handlungsmotiven, zumal solcher Handlungen, die tiefsitzenden Impulsen und Präferenzen zuwiderlaufen. Je abstrakter und komplexer eine Begründung ausfällt, je unterschiedlicher die Faktoren sind, denen sie Rechnung zu tragen versucht, und je weiter ihre Bemühung reicht, in die Zukunft vorauszuschauen, umso schwächer wird ihre an sich bereits bescheidene motivationale Kraft. Wenn die menschliche Neigung zu Untätigkeit so mächtig ist, wie die Vertreter dieser Denkrichtung nahelegen, dann dürfte das Vermögen, Leute durch Vernunftgründe zur Arbeit zu bewegen, in der Tat sehr begrenzt sein – einmal abgesehen von wirklich außergewöhnlichen Umständen unmittelbarer und offensichtlicher Vordringlichkeit von Arbeit.

Anreize

Wie aber steht es dann um Maßnahmen, die durch Anreize zu Arbeit motivieren sollen? In gewisser Hinsicht lassen sich auch Appelle an die Vernunft als eine Art von Anreiz ansehen: Was könnte ein *stärkerer* Anreiz sein, den Acker in diesem Frühling zu pflügen, als die vollkommen vernünftige Vorhersage, dass wir andernfalls im Winter Hunger leiden werden? Da wir diesen Fall bereits durchgespielt haben, lassen wir ihn jetzt auf sich beruhen und ziehen mögliche andere, nicht rationale Anreize in Betracht, die zu Arbeit animieren könnten. Angemerkt sei, dass wir uns mit der Konzentration auf Anreize nicht zuletzt auf eine realistischere Diskussion zubewegen, weil sie die soziale und politische Dimension der Frage nach der Notwendigkeit von Arbeit in den Blick nimmt. Im Prinzip ließe sich Vernunft als eine abstrakte, entkörperlichte und grundsätzlich unparteiische Eigenart der Welt auffassen. So gesehen, stünde der Appell an Vernunft gewissermaßen außerhalb spezifisch sozialer Machtkonstellationen. Auch wenn ich glaube, dass es falsch ist, Vernunft und ihre etwaigen Inanspruchnahmen in dieser Weise zu verstehen, denke ich nicht, es sei töricht oder unstimmig. Jedenfalls nimmt kein Mensch an, Anreize würden auf Bäumen wachsen oder sich irgendwo herumtreiben, bis sie schließlich in irgendeinem Himmelreich entdeckt werden. Wir sprechen in konkreten und sicherlich bei paradigmatischen Fällen von einem Anreiz, wenn jemand einem anderen, einer anderen Person, Gruppe oder Gemeinschaft, etwas unter der Bedingung anbietet, bestimmte Dinge zu tun oder zu unterlassen. Die Gruppe, die eine neue Fabrik an einem unattraktiven Ort eröffnet, muss potenziellen Werktätigen etwas (einen positiven Anreiz) offerieren, um sie dazu zu ermutigen, in dieser Fabrik zu arbeiten. In unserer durchmonetarisierten Gesellschaft wird dieses Angebot mutmaßlich ein Geldbetrag als Anwerbungsbonus oder eine über den Erwartungen liegende Entlohnung sein, muss aber nicht notwendigerweise als das eine oder andere offeriert werden. So könnte ich anbieten, alle zu entlausen, die mir den Rücken an der Stelle kratzen, die für mich schwer zu erreichen ist. Für das Heil ihrer Seele zu beten, könnte ich ebenfalls anbieten oder ihnen gegenüber beteuern, jeder, der sich bereit zeigt, einen Dienst zu erweisen, werde am Ende eine bessere Meinung von sich haben. Umgekehrt könnte ich auch negative Anreize in Aussicht stellen, etwa mit einem so schwachen beginnen wie der Androhung, meine gute Meinung über sie zu revidieren, sollten sie außerstande sein, das zu tun, was ich will. Immer stärkere negative Anreize könnten folgen, die sich – fallen sie streng genug aus – bis zu direktem Zwang steigern würden, etwa der Androhung körperlicher Misshandlung all derer, die mir als Arbeitgeber kündigen oder in meiner Fabrik eine Gewerkschaft ins Leben rufen wollen.

Wie angemerkt, besteht das Ausgangsmodell für die Rede von Anreizen darin, dass eine Person oder Gruppe (ein Dienstherr oder Arbeitgeber) einer anderen Person oder Gruppe einen Anreiz bietet. Wie aber stellt sich die Situation dar, in der die Leute dazu gebracht werden könnten, *sich selbst* Arbeitsanreize zu verschaffen, mithin auf irgendeine Weise dazu veranlasst würden, die Idee zu internalisieren, arbeiten sei als solches gut, oder dem Gedanken beizupflichten, es sei gerade die Tugend ihrer Arbeitsamkeit, die sie zu guten Menschen mache? Was wäre, wenn sie sich aneigneten, was mitunter eine Arbeitsethik genannt wird, nämlich die Vorstellung, dass Arbeit nicht nur notwendig, sondern in gewissem Sinn ein Gut an sich oder zumindest etwas sei, das man als in sich gut wertschätzen sollte? Was also, wenn man Leute – gemäß einer heute durchaus geläufigen Vorstellung – dazu bringen könnte, den »fleißigen Arbeiter« zum Bestandteil ihres Identitätskerns oder Selbstgefühls zu erklären, sodass sie nur dann noch mit sich einverstanden wären, wenn sie harte Arbeit um ihrer selbst willen leisten und sich – sobald sie nicht mehr hart arbeiten – sofort schuldig fühlten, selbst wenn die Arbeit gar nicht im strikten Sinne notwendig ist? Diese Auffassung von Arbeit war in der alten griechisch-römischen Welt alles andere als weit verbreitet. Dort war Arbeit etwas für Sklaven, während sich der freie Mann (im Zentrum der theoretischen Beschäftigung mit menschlichem Leben stand ausdrücklich das Dasein des erwachsenen *männlichen* Bürgers) durch seine Fähigkeit auszeichnete, ein Leben in Muße führen zu können – oder zumindest an ihm teilzuhaben. Armut galt nicht per se als beschämend, wurde jedoch als Einschränkung der Fähigkeit betrachtet, ein vollkommen ehrenwertes und gutes menschliches Leben zu führen.[18] Dennoch wurden einige besonderes mühselige Lebensläufe, wie etwa derjenige des Herkules, bewundert. Die Bewunderung fußte darauf, dass diese Leben in hoch dramatischen Standardkonfrontationen mit anderen Menschen (in der Regel unverbesserlichen Bösewichten) oder leibhaftigen Monstern obsiegt hatten. Indem sie die Erde von diesen Plagen befreiten, hatten sie zum Gemeinwohl beigetragen. Sich dem besonderen Abenteuer, die Hydra zu töten, auszusetzen, um danach viel Zeit in Trägheit und Völlerei zu verbringen, wie es Herkules getan hatte, der ebenso berühmt für seine heroischen Taten war wie für seine extreme *Gourmandise*, hat allerdings wenig gemeinsam mit der Tag für Tag harten und unglamourösen Plackerei, sagen wir, in der Landwirtschaft. Es gibt in der ganzen antiken Literatur, soweit mir bekannt, keine Figuren, die als bewundernswert dargestellt werden, *weil* sie

18 Siehe Denys Page, *Sappho and Alcaeus*, Oxford 1955, S. 315.

Armut durch eigener Hände Arbeit überwunden haben, geschweige denn irgendeine Glorifizierung von harter Arbeit als solcher, ungeachtet ihrer etwaigen Ergebnisse.

Solidarität

Eine ungeheuer wichtige Art von Anreiz zu Arbeit ist Solidarität, die eventuell gewisse Ausprägungen einer Arbeitsethik initiieren könnte. Ursprünglich bezieht sich der Begriff »Solidarität« nicht auf subjektive Gefühlszustände, sondern auf gesetzliche Verpflichtungen. Das Römische Recht verstand unter »Solidarität« in einer Familie, dass alle Mitglieder derselben Familie mitverantwortlich für die Schulden waren, die andere Familienangehörige auf sich geladen hatten. Weil faktisch alle Mitglieder einer besonderen Gruppe zur Verantwortung gezogen wurden, entwickelt sich bei ihnen ein Verantwortungsgefühl gegenüber allen Komponenten einer gemeinsamen Unternehmung, folglich nahmen sie von sich an, das Interesse an gewissen Ergebnissen zu teilen. Durkheim griff diese Vorstellung im 19. Jahrhundert auf und wandte den allgemeinen Begriff auf spezielle Formen kollektiver Verantwortung und Interessenverteilung an, die sich in Verbindung mit besonderen Weisen ausbilden, in denen Menschen zusammen arbeiten.[19] Menschen, die zusammen arbeiten, zumal in kleinen Gruppen über vergleichsweise lange Zeiträume, neigen dazu, die Erwartung zu entwickeln, dass die Gruppenmitglieder einander nicht enttäuschen werden, dass man zusammenhält und jeder seinen Teil beiträgt.

Solche Vorstellungen tauchen in der Literatur des Abendlandes bemerkenswert früh auf, tatsächlich bereits in einem der ersten überlieferten Werke, nämlich im fünfzehnten Buch

19 Siehe Émile Durkheim, *Über soziale Arbeitsteilung. Studie über die Organisation höherer Gesellschaften*, aus dem Französischen von Michael Schmid, Berlin 2022.

der Homer'schen *Ilias*. Während die Griechen die Stadt Troja belagern, findet sich der griechische Heros Achilles, der beste Krieger beider Heere, durch den Kriegsherrn Agamemnon beleidigt und zieht sich aus dem Kampf zurück. Daraufhin gelingt es den Trojanern, die Griechen von ihren Stadtmauern wegzudrängen und auf ihre gestrandeten Schiffe zurückzuschlagen. Ajax, ein anderer griechischer Militärführer, keine besonders helle Leuchte, aber ein äußerst standhafter und verlässlicher Krieger, beruft sich auf das Schamgefühl *(aidos)* der Griechen, wenn er sie dazu auffordert, einander beizustehen:

> »Seid nun Männer, o Freund', und Scham erfüll' euch
> die Herzen!
> Ehret euch selbst einander im Ungestüme der
> Feldschlacht!
> Denn wo sich ehrt ein Volk, stehn mehrere Männer,
> denn fallen;
> Doch den Fliehenden wird nicht Ruhm gewährt,
> noch Errettung!«[20]

Der Aufruf, füreinander einzustehen, und der wiederholte Gebrauch von Wörtern, die sich von »Scham« ableiten (gleich dreimal in nur drei Zeilen im griechischen Original: *aido, aideisthe, aidomenon*), ist in diesem Passus tatsächlich auffällig.

Ein ähnliches Ethos kann in Arbeitszusammenhängen aufkommen, erst recht unter Gruppen, die einander auch aus anderen Kontexten gut kennen und die lange in gemeinsamen Projekten kooperiert haben. Dort lernt man schnell, wie zahlreich die informellen Bezüge sind, in denen man sich aufeinander verlassen können muss. Das Gefühl »Wir machen das zusammen, also müssen wir uns gegenseitig unter die Arme greifen« scheint sich in einer solchen Gruppe nahezu spontan

20 Homer, *Ilias XV, 561–563*, Übersetzung ins Deutsche von Johann Heinrich Voß [1793]; www.digbib.org/Homer_8JHvChr/De_Ilias_pdf [22.1.2023].

einzustellen. Keiner will als Drückeberger wahrgenommen werden, sodass es für jeden Arbeiter einen starken Anreiz gibt, unbedingt den Eindruck zu erwecken, die anderen nicht im Stich zu lassen. Dass Sichtbarkeit dabei eine Rolle spielt, ist nicht ohne Bedeutung. Völlig zu Recht spricht Ajax von »Scham«, besteht sie doch aus der Furcht, als jemand Bestimmtes (als Deserteur, Faulpelz, Drückeberger) *gesehen* zu werden. Damit ist nicht ausgeschlossen, dass Schamgefühle unter Umständen zu einer Form von Schuld verinnerlicht werden,[21] vielmehr bewahrt Schuld, sogar bis in das späte 20. Jahrhundert hinein, Spuren ihrer Herkunft aus der Scham. Im Übrigen unterscheidet sich das, was Arbeiter als Drückebergerei ansehen würden, deutlich von dem, was sie für Manager und Fabrikeigentümer kennzeichnet, wobei für Arbeiter letztlich nur die Meinung der Kollegen den Ausschlag gibt.

Zweifelsohne erzeugen nicht alle Arbeitsbeziehungen Solidaritätsempfindungen. Ein anderer, früher griechischer Dichter, Hesiod, der in der Zeit des späten 8. bis frühen 7. vorchristlichen Jahrhunderts lebte, beginnt eines seiner Gedichte, in dem er zwischen zwei Arten von Streben *(eris)* unterscheidet, einem guten und einem schlechten. Das schlechte tritt in Kriegen, Gezänk und bei gerichtlichen Auseinandersetzungen zutage. Das gute hingegen treibt den Menschen

> »doch ans Werk. Sieht nämlich der Nichtstuer, wie sein reicher Nachbar mit Eifer pflügt, sät und sein Haus wohl bestellt, dann eifert der Nachbar dem Nachbarn nach, der zum Wohlstand eilt. Fördernd ist solcher Wetteifer für die Menschen und so grollt der Töpfer dem Töpfer und der Zimmermann dem Zimmermann, der Bettler neidet dem Bettler, und der Sänger dem Sänger.« [22]

21 Siehe Bernard Williams, *Shame and Necessity*, Berkeley 1993.

22 Hesiod, *Werke und Tage*, Griechisch/Deutsch, übersetzt und hrsg. von Otto Schönberger, Stuttgart 1996, S. 5.

Ist Solidarität der Grundzustand unter Leuten, die zum gleichen Team gehören, in derselben Armee dienen oder als eine Gruppe kooperieren, so werden vereinzelte Bettler dem gegenüber tatsächlich eher miteinander konkurrieren. Ein hoher Grad an individueller Konkurrenz, häufig öffentlich in eigens organisierten *agones* (Wettstreiten) ausgetragen, war ein allgemein anerkannter Zug des Lebens in der Antike. Nicht minder anerkannt waren aber auch Neid und Eifersucht. Sie galten als natürliche Begleiterscheinungen einer sozialen Konfiguration wie der Konkurrenz. Eine ganze Menge antiker Philosophie ist gewissermaßen dem Versuch gewidmet, unpersönliche Ideale zu entwerfen, auf die sich menschliches Streben richten kann, sodass potenziell toxische Formen individuellen Wettstreits abgelöst werden. Anstatt direkt gegeneinander anzutreten, sollten die Männer (in der Hauptsache ging es um sie) ermutigt werden, ein Höchstmaß an Weisheit, Tugend, Wissen, Gelassenheit anzustreben, allesamt Strebungen, die kollektiv und kollaborativ verfolgt werden können.

Die Solidarität unter Kollegen ist ein für Manager und Fabrikbesitzer problematisches Phänomen. Ohne eine zumindest minimale Bereitschaft der beteiligten Arbeiter, einander zu unterstützen, sogar durch Verhaltensweisen, die sich weder gesetzlich oder vertraglich vorschreiben noch strikt durchsetzen ließen, kämen viele Arbeitsprozesse praktisch zum Erliegen. Je größer die Solidarität unter den Arbeitern am Arbeitsplatz ist, desto höher ist zweifelsohne deren Arbeitsproduktivität. Von daher müsste das Management eigentlich alles begrüßen, was den Sinn der Arbeiter dafür stärkt, eine gemeinsame Sache zu verfolgen, bei der sich jeder auf den anderen verlassen kann. Freilich berechtigt Solidarität – zum Nachteil der Eigentümer – nicht zu der Erwartung, sie werde sich in vorhersehbaren und klar abgesteckten Grenzen halten. Vielmehr kann sie auf andere Sphären übergreifen, weshalb eine der großen Sorgen von Managern sein dürfte, dass die wechselseitige Hilfe, die sich am Arbeitsplatz eingespielt hat und unverzichtbar ist, zur Grundlage möglichen Widerstands gegen verschiedene Maßnahmen wird, die das Management ergreifen möchte, die jedoch in der Wahrnehmung der Arbeiter ihren eigenen Interessen zuwiderlaufen. Vermutlich steigert sich wechselseitige Hilfestellung im ultimativen Albtraum eines Managers zu einer umfassenden, womöglich politischen, Mobilisierung der Arbeiter.

Die Erzeugung von Neid, wie Hesiod ihn beschreibt, ist in den Händen von Managern ein ausgezeichnetes Werkzeug, gerade weil Neid Solidarität auflöst. Inmitten eines Streiks bei den Fairless Works, wo mein Vater beschäftigt war, zog das Management nach sich endlos hinziehenden Verhandlungen plötzlich eine spezielle und ungeheuer generöse Lohnerhöhung für die Maler aus dem Hut. Sie bildeten eine Gruppe von Arbeitern, auf die der Rest der Belegschaft hinabschaute, weil man ihre Arbeit für leicht und erstaunlich gut bezahlt hielt, handelte es sich doch um eher ungelernte Hilfstätigkeiten. »Diese Maler!« ist mir als ungläubiger und etwas zorniger Ausruf einiger Mechaniker noch im Ohr. Wahrscheinlich war die Idee, die Aufmerksamkeit der Arbeiter von der grundsätzlichen Auseinandersetzung mit dem Management abzulenken, die Belegschaft zu spalten und die Arbeiter dazu zu bringen, sich neidgetrieben untereinander zu attackieren.[23] Doch durch-

23 Es gibt Stimmen, die jeden Ruf nach Egalitarismus als Ausdruck derer diskreditieren, welche die Bessergestellten beneiden. Der junge Marx geißelte die aus Neid erwachsene Forderung nach Gleichheit als »kruden Kommunismus«. Manager haben gewöhnlich keine Probleme damit, Neid in einer Belegschaft zu wecken, indem sie eine Gruppe gegen eine andere ausspielen. In Gesellschaften, die zulassen, dass soziales Gefälle in Macht umgemünzt wird, bestehen allerdings gute Gründe dafür, gegen extreme Ungleichheit aufzubegehren. Ich mag Herrn X nicht dafür beneiden, dass sein Haus zehnmal größer ist als meins. Doch wenn er

schauten die Gewerkschaftsvertreter das Spiel und beruhigten die Beschäftigten. Klar war, warum sich das Unternehmen nicht auf umfassende Lohnverhandlungen, welche die gesamte Branche betrafen, einzulassen gedachte, sondern die Löhne lieber Stück um Stück, Fabrik für Fabrik, Gewerkschaft für Gewerkschaft aushandeln wollte. Und klar war mithin auch, warum dem Management daran lag, die Arbeiter in möglichst viele Kategorien zu untergliedern, sodass sie gegeneinander ausgespielt werden konnten.

Da Sichtbarkeit ein derart hervorstechendes Merkmal sowohl der Erzeugung als auch der Erhaltung von Solidarität ist, kann es nicht überraschen, dass sie in besonderer Intensität und nachhaltiger Gestalt innerhalb relativ kleiner Gruppen aufkommt. In ihnen ist der Beitrag, den der Einzelne beisteuert, sofort für alle anderen sichtbar. Besteht eine Gruppe von Arbeitern aus zehn Leuten, die Stahlträger zu transportieren haben, die sich nur durch zwei Leute anheben lassen, lernt jeder rasch, wer stärker, schneller und – das Wichtigste überhaupt – wer wirklich hilfsbereit ist, sich Mühe gibt und wer demgegenüber versucht, es langsam angehen zu lassen. An gewissen Punkten kann spontane Solidarität allerdings auch in etwas umschlagen, das man »Gruppendruck« nennt. Sichtbarkeit nimmt hingegen ab, je größer und unüberschaubarer die Gruppe ist, je unbeständiger die Mitgliedschaft. Dann steigen die Chancen für Drückebergerei (dafür, dass – wie man so sagt – »Unfug getrieben«, »gefaulenzt«, »blaugemacht«,

sich Zeitungen und Fernsehanstalten kaufen sowie Denkfabriken gründen kann, weil sie Ansichten propagieren, die zu seinen eigenen passen, oder Ärzte im Interesse an seiner eigenen Gesundheit anzieht, dann haben wir es mit materiellen gesellschaftlichen Übeln zu tun, die zu bekämpfen sind, indem man gewisse Auswüchse von Ungleichheit verunmöglicht. Siehe dazu meinen Aufsatz »Envy and the Politics of Identification«, den ich in meinem Buch *Reality and its Dreams*, Cambridge, Mass. 2016, veröffentlicht habe.

»herumgesegelt« oder »gebummelt« wird), ohne dass sie gesehen werden kann.[24]

Arbeitsethik

Wie verwandelt sich Solidarität, die ursprünglich auf Schamgefühlen basierte, in eine Arbeitsethik? Nietzsche meinte, kurz gesagt, die Antwort sei Masochismus. Namentlich schwache Menschen, die gezwungen seien, ihr Leben in nächster Nachbarschaft zu größeren Menschenmassen zu verbringen, besäßen kein Ventil für ihre natürlichen und allzu verständlichen Aggressionen. Würden sie sich Luft verschaffen, zahlten es ihnen die Starken schlimmer heim, als sie selbst je austeilen könnten. Also mussten sie lernen, die Aggression gegen sich selbst zu richten, sie letzten Endes zu internalisieren. Sie entwickelten »asketische Ideale«, wie Nietzsche sie nennt, das heißt positive Bewertungen der Fähigkeit, eigene Aggression in etwas umzumünzen, das sich intern gegen einen selbst richtet. Wer lernt, einer anstrengenden Arbeit um ihrer selbst willen nachzugehen, macht sich ein solches Ideal zu eigen.[25] Eine derartige Glorifizierung von Arbeit erlaubt Menschen, ihre Aggressionen gegenüber jemandem auszuleben, von dem – im Gegensatz zu den Leuten in ihrer Nachbarschaft – erwartet werden darf, dass er sich *nicht* in gleicher Weise revanchieren, es ihnen nicht doppelt oder dreifach heimzahlen wird.

Der Soziologe Max Weber, ein aufmerksamer Leser der Schriften Nietzsches, hat eine Analyse des Ursprungs der Arbeitsethik vorgelegt, die mit derjenigen Nietzsches nicht unvereinbar, allerdings eine Spur feinkörniger und anders ak-

24 Vgl. Mancur Olson, *Die Logik des kollektiven Handelns. Kollektivgüter und die Theorie der Gruppen*, Tübingen 1968.

25 Siehe Friedrich Nietzsche, »Dritte Abhandlung: was bedeuten asketische Ideale?«, in: *Zur Genealogie der Moral. Eine Streitschrift*, in: ders., Kritische Studienausgabe in 15. Bänden, hrsg. von G. Colli und M. Montinari, München / Berlin / New York 1980, Bd. 5, S. 339–412.

zentuiert ist. Nach Nietzsche ist das Christentum mit seiner Verehrung der Demut und des Verzichts auf Vergeltung insgesamt eine hoch entwickelte Ausprägung des »asketischen Ideals«. Weber konzentriert sich, um Spezifizierung bemüht, jedoch auf einzelne Entwicklungen im Christentum des 16. und 17. Jahrhunderts. Das erste Buch Mose stellt klar, dass Arbeit eine Notwendigkeit ist, die Gott der Menschheit auferlegt (als Folge von Adams Sündenfall im Garten Eden). Doch reicht diese Botschaft als solche nicht aus, um irgendjemandem einen Anreiz dafür zu geben, mit besonderem Eifer zu arbeiten. Nach älterer katholischer Auffassung besagt die betreffende Passage in der Tat nur, dass Arbeit eine ebenso unerbittliche wie sklavische Notwendigkeit ist, eine Strafe für den Sündenfall. Als göttliche Abstrafung wird man sie hinzunehmen, womöglich mit Anstand zu tragen haben, doch folgt daraus nicht, ihr irgendeinen positiven Wert zu verleihen. Auch wenn Leute meinen, es gehöre sich für einen rechtmäßig verurteilten Verbrecher, seine Strafe bereitwillig anzunehmen, bedeutet dies keineswegs, dass irgendjemand ernsthaft glaubt, Bestrafung sei *an sich* gut, weshalb man sie – um ihrer selbst willen – aktiv auf sich nehmen und veredeln müsse. Arbeit hat mithin eine (religiös fundierte) »Bedeutung«, sie ist eine Strafe, doch lohnt es nicht, noch mehr in sie hineinzulesen. Sie auf ein mögliches Minimum zu beschränken, wäre ideal. Um zu essen, muss man arbeiten – das stand fest. Und nur ein Dummkopf würde nach Arbeit um ihrer selbst willen suchen oder seine Identität durch einen Beruf oder eine Karriere definieren. Tatsächlich war einer im Mittelalter sehr verbreiteten katholischen Überzeugung zufolge das beste und bedeutungsvollste Leben kein Leben in Arbeit, sondern ein Leben in religiöser Versenkung, wie es klösterliche Gemeinschaften vermeintlich anboten. Noch heute sind orthodoxe Juden der Überzeugung, ein ganz dem Studium der Thora gewidmetes Leben sei jeder Art von Arbeit vorzuziehen. Arbeit mag für Katholiken sogar im religiösen Leben eine gewisse Rolle spielen, weil sie als Strafe Gottes auferlegt wurde. Selbst die Gläubigen haben sich folglich mit ihr zu arrangieren. Doch waren Details dieser Arbeit ohne Belang, vielmehr musste die Arbeit als solche ganz dem Gebet, der Kontemplation und der Ausführung komplexer Rituale untergeordnet werden. Einige mochten sich zu einem religiösen Leben bestimmt finden, dabei handelte es sich jedoch um eine besondere Berufung zu Höherem. Sie wich vom generellen Tatbestand ab, dass (im Prinzip, wenn auch nicht in der Praxis) jeder nach dem Sündenfall schlicht dazu genötigt war zu arbeiten.

Im Gegensatz zu derartigen Anschauungen wies Max Weber darauf hin, dass der frühe Protestantismus, insbesondere der Calvinismus, eine folgenreiche Verschiebung herbeigeführt habe, was den Begriff von und die Einstellungen zur Arbeit anging. Als Resultat eines komplexen historischen Vorgangs (zu dem eine ganze Serie von Eingriffen gehörte, die aus menschlich nachvollziehbaren Gründen Calvins ursprüngliche Gotteslehre verfälschten) wurde »Arbeit« für die Calvinisten zu einer Domäne, in der man sich seines eigenen Werts selbst versicherte. Dazu sollte möglichst harte Arbeit, soweit es geht, in den Mittelpunkt der Lebensführung gerückt und ansonsten so anspruchslos und sparsam wie möglich gelebt werden. Nach Calvin waren es besondere Berufe, die den Menschen in der Welt bestimmt waren. Folglich wurden die entsprechenden Berufstätigkeiten bis in die Details ihrer Ausübung mit religiöser Bedeutung aufgeladen. Anstatt wahrhaft gelebte Religiosität einer mehr oder weniger abgesonderten Sphäre vorzubehalten oder sie mit besonderen rituellen Handlungen in Verbindung zu bringen, durchstrahlten ihre ultimative Bedeutung und die sie begleitenden Gefühle höchster Ernsthaftigkeit die gesamte Welt der Arbeit. Also legten Calvinisten einen eigenartigen Fleiß bei der Ausführung jeder Einzelheit ihrer Arbeit an den Tag und verteufelten Müßiggang ebenso wie alle spontanen Vergnügungen. Folglich spricht Weber von »innerweltlicher Askese«.

Paradoxerweise ist derjenige Teil von Calvins Theorie, der den größten Einfluss auf die Entstehungsgeschichte der Arbeitsethik ausübte, seine Prädestinationslehre gewesen. Sie behauptete, Gott habe jedem Menschen bereits vor seiner Geburt Erlösung respektive ewige Verdamnis »vorherbestimmt«. Weil dieses Urteil unwiderrufbar ist, können wir zu Lebzeiten nichts tun, um es umzustoßen. Außerdem ist uns diese göttliche Vorherbestimmung verschlossen. Niemand vermag zu wissen, wer gerettet und wer verdammt ist. Einzig sichtbar wird, dass gewisse Menschen allen Widrigkeiten zum Trotz erfolgreich operieren, während andere, anscheinend nicht weniger begabt und unter vergleichbar günstigen Voraussetzungen, scheitern. Eklatanter Erfolg ist mithin das Zeichen für Gottes Gnade und Gunst.

Man würde denken, eine solche Theologie müsse in Quietismus münden: Warum arbeiten, wenn gewisse Leute in diesem wie ihrem nächsten Leben kraft eines Gottesurteils zu Erfolg und andere zu Misserfolg prädestiniert sind? Jedoch behauptet Weber, ihr motivationaler Effekt sei in der Tat umgekehrt ausgefallen: Jeder Calvinist stand unter dem ungeheuren inneren psychologischen Druck, durch spektakulär sichtbare Erfolge in der Welt den Beweis zu erbringen, zu persönlichem Heil prädestiniert zu sein. Welche Arbeit auch anstand, man war dazu angehalten, sie nicht als beschwerliche Notwendigkeit auf sich zu nehmen (wie es die Katholiken vermeintlich taten), sondern als eine Aufgabe zu verstehen, zu der man *berufen* war. Zu *dieser* Arbeit berufen zu sein, hieß, sie nicht bloß korrekt oder vielleicht sogar exzellent auszuführen, sondern sich mit ihr zu identifizieren. Also sollte in allem, woran ein Calvinist arbeitete, eine Art professioneller Ernsthaftigkeit präsent sein. So jedenfalls müsste die wohlwollende Deutung ausfallen.

Die weniger wohlwollende Deutung hätte hingegen hervorzuheben, dass es sich um eine Einladung zu völlig ungenierter Rücksichtslosigkeit handelt, sind wir Calvin zufolge doch allesamt, ob nun erlöst oder verdammt, schlicht Sünder, die ihre Verdammung *verdienen*. Selbst die Erlösten werden *trotz* ihrer Sünden erlöst. Da es nichts gibt, was auf Erden getan werden könnte, um Gottes Urteil zu verändern, ist das einzige uns in diesem Leben zugängliche Indiz für seine Entscheidung der eigene aufsehenerregende, wiewohl unverdiente Erfolg. Psychologisch läuft eine solche Theologie darauf hinaus, so zu handeln, als hinge die Erlösung der Seele nicht von besonders moralischen Wohltaten ab, sondern vom sichtlich erfolgreichen Ertrag welcher Art von Handlung auch immer. Wer an die göttliche Vorsehung sowie an die Unerfindlichkeit seiner »Wege« und finalen Absichten (der Topos vom *deus absconditus* ist eine im Calvinismus hochgehaltene Doktrin) glaubt, für den kann gerade die Erfolgsgeschichte eines Taugenichts, in der sich Gottes unmotiviertes Urteil vor aller Augen manifestiert, zu einem spektakulären Bildungserlebnis werden.

Dass der Calvinismus den Kapitalismus »verursache«, behauptet Weber keineswegs, nicht einmal, dass er die Arbeitsethik »verursache«. Vielmehr bestreitet er derartige Intentionen ausdrücklich. Seine These lautet eher, dass eine »Wahlverwandtschaft« zwischen Calvinismus und Frühformen unternehmerischen Handelns existiert. Gemeint ist, dass zwischen beiden ein Verhältnis wechselseitiger Attraktion besteht, treffen sie in derselben sozialen Umgebung aufeinander: Ein Unternehmer wird, wie wir sagen könnten, den Calvinismus für sich passender finden als etwa den Katholizismus, sollten diese beiden Konfessionen die ihm zugänglichen religiösen Optionen sein. Und umgekehrt werden Calvinisten in Unternehmungen wirtschaftlichen Charakters eine Handlungssphäre erkennen, die sich ihnen im Lichte ihrer religiösen Vorstellungen leichter erschließt.

Webers Darstellung ist stark auf Unternehmer fokussiert. So bleibt unklar, wie und warum von der Arbeitsethik erwartet werden sollte, auch für Fabrikarbeiter von ähnlich großer Attraktivität zu sein. Obwohl sich Weber darüber im Klaren ist, keine kausale Erklärung zu liefern, darf man sich außerdem fragen, ob sich die für westliche Gesellschaften des 20. Jahrhunderts typische, nahezu grenzenlose Skepsis und völlige Gleichgültigkeit gegenüber theologischen Überzeugungen wie denen der Calvinisten, die zudem weitgehend aus dem öffentlichen Leben verschwunden sind, nicht auch die Arbeitsethik trifft. Wäre das der Fall, müsste geklärt werden, wie sich diese Skepsis und Indifferenz auf die Arbeitsethik auswirkt. Für Weber stellt gerade der Verlust der religiösen Bedeutsamkeit, die der Arbeitsethik für frühere Generationen zukam, eine der größten ideologischen Schwierigkeiten der Moderne dar. Die Welt der Arbeit, welche die Puritaner, eine der calvinistischen Sekten, schufen, um ihre Bedürfnisse nach religiöser Sinnstiftung zu befriedigen, hatte, wie er meinte, zu Beginn des 20. Jahrhunderts eine Art struktureller Autonomie gewonnen. Sie wurde, zumindest ein Stück weit, unabhängig von dieser ursprünglich religiösen Motivlage, weshalb sie weiterhin einen gewissen Zwang über uns ausüben konnte. In einer primär katholischen Gesellschaft, so stellt es sich Weber dar, fällt der Puritaner als jemand auf, der aus religiösen Gründen eine Person sein *wollte*, deren Leben sich grundsätzlich um die intensive Berufstätigkeit drehte. Er war *Berufsmensch*. In unserer modernen Gesellschaft werden wir demgegenüber nicht aufgrund religiöser Überzeugungen, sondern durch ein Wirtschaftssystem, das mithilfe der Puritaner durchgesetzt wurde, dazu *gezwungen*, Menschen zu sein, die sich obsessiv ihren beruflichen Karrieren widmen, ob sie es wollen oder nicht.[26] Das ökonomische System hat aufgehört, Ausdruck einer religiösen Empfindung zu sein, es ist zu einer Form sinnlosen Zwangs geworden. Weber stellt fest, wir hätten unsere Leben in ein *stahlhartes Gehäuse* gezwängt, das ungeheuer einengend, verstörend und (jetzt) sinnlos ist, ohne dass wir es wieder beseitigen könnten.

Während wir uns der Arbeitsethik nicht einfach qua Beschluss entledigen und von den gegebenen ökonomischen Verhältnissen abstrahieren können, in die sie eingelagert ist, könnte es aufgrund zufällig eintretender Faktoren oder des Gewichts seiner inneren Widersprüche dennoch zu einem Kollaps des Wirtschaftssystems kommen. Dass es an seinen eigenen Widersprüchen zugrunde geht, ist bekanntlich die Eventualität, die Marx ausführlich analysiert hat. Er dachte, Steigerungen der industriellen Produktivität würden durch das bestehende Eigentumssystem in einem solchen Ausmaß abgewürgt, dass es letztendlich verändert werden müsste. Spätere Denker haben sich Gedanken über einen anderen Widerspruch gemacht, der die Arbeitsethik allmählich in den Gegensatz zu anders gearteten Erfordernissen einer zeitgemäßen kapitalistischen Ökonomie setze. In seinem Buch *Die kulturellen Widersprüche des Kapitalismus*[27] behauptet Daniel Bell, dieser Kapitalismus habe im Interesse an seiner Selbsterhaltung zunehmend konsumistisch werden müssen: Eine ständig steigende Nachfrage müsse stimuliert werden, die sich auf eine immer größere Vielfalt an immer exotischeren Gütern und Dienstleistungen richte. Es sei eine spezielle Sorte von Hedo-

26 »Der Puritaner *wollte* Berufsmensch sein, wir müssen es sein«, zitiert nach: *Max Weber, Die protestantische Ethik und der Geist des Kapitalismus*, hrsg. und eingeleitet von Dirk Kaesler, München 2004, S. 200.

27 Daniel Bell, *Die kulturellen Widersprüche des Kapitalismus* [1976], aus dem Englischen von Inge Presser, Frankfurt am Main 1991.

nismus, die der Kapitalismus zu pflegen und zu befördern habe. Bell befürchtete, der wachsende Geschmack am Luxus werde die Arbeitsethik schließlich unterspülen und damit den psychologischen Unterbau des gesamten Systems. Wie könnte eine Werktätige zugleich Asketin im Beruf und eine in Luxus vernarrte Hedonistin in ihrer Rolle als Konsumentin sein? Seine Befürchtung scheint im Rückblick jedoch übertrieben und unangebracht gewesen zu sein. »Erst die Arbeit, dann das Vergnügen« ist, psychologisch gesehen, offenbar weniger selbstwidersprüchlich, als Bell meinte. In der Tat ließ sich innerweltlicher Asketismus relativ komplikationslos durch eine ganze Batterie psychologischer Einstellungen ersetzen, die sich mit der Aufrechterhaltung und Fortentwicklung des bestehenden Arbeitssystems durchaus vertrugen. Einige dieser Substituierungen erwecken den Eindruck, archaische Verhaltensmuster zu reaktivieren, etwa das dem *agon* verwandte Verlangen, als jemand wahrgenommen zu werden, der seine Konkurrenten aussticht. Andere haben nicht nur deutlich moderne, sondern sogar subkulturelle Wurzeln. Luc Boltanski und Ève Chiapello führen in ihrem Buch *Der neue Geist des Kapitalismus* vor Augen, wie sich die Managementliteratur seit den 1980er Jahren mehr oder weniger erfolgreich darum bemüht hat, prominente Motive einer kulturell inspirierten Kritik am kapitalistischen Betrieb zu vereinnahmen. Zentrale Begriffe, mit denen Kritiker einst den Kapitalismus attackierten, sollen einem Diskurs einverleibt werden, der die bestehende Produktionsweise verherrlicht. Die von großen Unternehmen verwendeten Schlagwörter lauten jetzt nicht mehr Disziplin, Nüchternheit, Sparsamkeit und Voraussicht, sondern Kreativität, Individualität, Eigeninitiative und Selbstverwirklichung. Zudem führen Boltanski und Chiapello aus, dass diese Ideologie – ganz so wie die guten unter ihren Vorläufern – für sich den Vorzug reklamieren kann, eine getreue Beschreibung der Wirklichkeit zu liefern.

Tatsächlich ermöglichen neue Technologien eine Flexibilität am Arbeitsplatz, die in früheren Perioden kapitalistischer Produktion keineswegs üblich war. Die gleichen elektronischen Medien, die dem Personal gestatten, von zuhause aus zu arbeiten, sorgen jetzt aber auch für dessen engmaschige elektronische Überwachung in einer Form, die vormals undenkbar gewesen wäre. Zudem wird diese Flexibilität in der Gestaltung der Arbeitsbedingungen um den Preis extremer Prekarisierung der fraglichen Jobs erkauft. Prekarisierung sei halt, so eine geläufige Behauptung, die Kehrseite der neuen »Freiheit«.

Das aktive Tier

Um verbreitete Argumentationsmuster nachzuzeichnen, haben wir bisher die nicht hinterfragte Annahme übernommen, Menschen seien grundsätzlich wenig geneigt, Anstrengungen auf sich zu nehmen. Was aber, wenn diese Voraussetzung falsch ist? Wie stellt sich die Situation dar, wenn den Leuten in Wahrheit gar nicht widerstrebt, sich anzustrengen und zu arbeiten? Es ist gewiss nicht weit hergeholt, Menschen als lebendige Geschöpfe anzusehen, für die es als Lebewesen, zumal als Tiere, durchaus »natürlich« ist, sowohl aktiv zu sein wie untätig und ruhig. Das Leben eines Tieres wird, wie Dewey in seinem Buch *Art as Experience* (1932; dt. *Kunst als Erfahrung*, 1987) unterstreicht, durch einen Rhythmus bestimmt, in dem sich Phasen der Aktivität mit Ruhephasen abwechseln. Zu viel des einen wäre genauso abträglich wie zu viel des anderen, also widersetzt man sich beidem. Es heißt, Gefängnisinsassen fürchteten nichts mehr als Einzelhaft, teils wegen des Mangels an Austausch mit anderen Menschen, teils wegen des aufgezwungenen Mangels an Aktivität und Beschäftigung. Man sollte also tatsächlich annehmen, dass sich der natürliche Rhythmus des menschlichen Lebens zwischen zwei Polen einpendelt, Systole und Diastole im Blutkreislauf vergleichbar. Werden Hindernisse oder Barrieren wahrgenommen, die einer Verwirklichung eigener Wünsche im Wege stehen, stellt man sich ihnen zunächst, um sie mit Blick auf einen Zweck, der dem ganzen Vorgang seinen Sinn verleiht, zu überwinden. Sonach genießt man die Resultate, die sich aus der Überwindung der Widrigkeiten und der Realisierung des angesteuerten Zwecks ergeben. Es tritt die Phase ein, in der man sich entspannt, erholt und faul ist. Man beginnt damit, sich umzuschauen, Nächstes ins Auge zu fassen. Bedeutsam an diesem Rhythmus ist nicht der Umstand, dass die Hindernisse (womöglich wie durch Zauber) verschwinden, sondern dass *ich* sie aufgrund eigener Anstrengungen überwunden habe, vor allem aber *sehe*, dass es meine Bemühungen waren, die sie beseitigt haben. Wird eine der Phasen unterbrochen, blockiert oder übertrieben ausgedehnt, etwa weil die Hindernisse trotz aller Anstrengungen mein Vermögen übersteigen, ihnen beizukommen, mag es zu Irritationen kommen. Sie gehen jedoch nicht auf einen generellen Widerwillen zurück, tätig zu sein, sich sogar richtig ins Zeug zu legen, sondern auf einen anderen, ganz speziellen Grund, nämlich jenen, dass mein Lebensrhythmus gestört wurde.

Rhythmus, Ausdruck und Plackerei

Das menschliche Leben wird aber nicht nur durch zweckorientierte Aktivität und Erholung punktiert, vielmehr ist in seinen zweipoligen Rhythmus auch eine Ausdruckskomponente eingelassen. In seinen *Vorlesungen über Ästhetik* illustriert Hegel diesen Punkt eindrucksvoll, wenn er einen Knaben beschreibt, der Steine »in den Strom wirft« und beobachtet, wie sich kreisförmige Wellenbewegungen auf der Wasseroberfläche abzeichnen.[28] Da die Wellen in perfekter Symmetrie verlaufen, also

28 G. W. F. Hegel, »Vorlesungen über die Ästhetik«, in: ders., *Werke*, Bd. 13, S. 51. Das Motiv taucht auch in Mussets Oper *Lorenzaccio* auf,

eine eigenartige Schönheit bezeugen, bewundert der Knabe diese Schönheit völlig zu Recht, ohne an irgendetwas anderes zu denken. Wichtig daran, so Hegel, ist weniger, dass es diese Schönheit gibt und sie von dem Knaben wahrgenommen wird. Bemerkenswert ist vielmehr, dass er sieht, wie *er* sie durch eigene Tätigkeit erzeugt hat, indem er Steine ins Wasser geworfen hat. Der Knabe würdigt die Tatsache, dass *er* kraft einer Handlung ein Zeichen in der Welt gesetzt hat. Hegel geht sogar so weit zu behaupten, dass dieses Verlangen, sich als jemanden zu erfahren, der seine Umwelt in einer Weise affiziert, die Ausdruckscharakter besitzt, keine bloß natürliche menschliche Neigung ist, sondern ein vitales (er sagt »absolutes«) menschliches Bedürfnis.

Für Menschen besteht das Problem nicht darin, wie wir uns aus dem angeblich tief verwurzelten Zustand des Faulenzens endlich herausreißen und uns dazu bringen, überhaupt irgendetwas zu tun. Weder Dösen noch tödliche Lethargie oder der Müßiggang eines Oblomow beschreibt die apriorische Befindlichkeit der Menschheit – wobei Oblomow eine interessante Figur ist, gerade weil ihn seine abnorme Faulheit zu einem *ungewöhnlichen* Abweichler macht.[29] Unser natürlicher Zustand ist viel eher der, ständig »im Prozess« zu sein, inmitten der einen oder anderen Phase des Zyklus von strukturierter Aktivität und Ruhe. Damit soll nicht behauptet werden, dass die Organisation von Arbeit in menschlichen Gesellschaften problemlos sei. Nur stellen sich die Probleme in anderer

wenn Lorenzaccio in der 6. Szene des zweiten Akts dabei beobachtet wird, wie er das Kettenhemd des Grafen Alexander in einen Brunnen wirft (in der Absicht, dessen Ermordung zu erleichtern), und behauptet, er habe lediglich in den Brunnen gespuckt, um die von ihm erzeugte Wellenbewegung zu verfolgen, was sein größtes Vergnügen sei. Vermutlich soll er kindlich und harmlos erscheinen.

29 Der sprichwörtliche Protagonist von Ivan Gontscharows 1859 veröffentlichtem Roman *Oblomow* war ein pathologisch fauler Landbesitzer.

Form dar als in Gestalt der Frage, wie die Menschen um alles in der Welt dazu gebracht werden können, *überhaupt* zu arbeiten. Was zu bewerkstelligen ist, damit sie *diese* Art von Tätigkeit und keine andere ausführen, darin besteht die Schwierigkeit. Wenn tatsächlich stimmt, dass wir eine natürliche Neigung haben, *tätig zu sein und uns selbst zu verwirklichen* (im Rahmen eines umgreifenden Musters von Aktivität und Ruhe), dann lautet die eigentliche Frage, wie wir diese Neigung möglichst weitgehend zur Sicherung unserer Lebensgrundlage nutzen können, ohne sie damit allzu massiv zu durchkreuzen. Und selbstverständlich ist auch zu fragen, auf wen sich das »Wir«, von dem die Rede ist, beziehen soll.

Wahrscheinlich stimmt es, dass Menschen ihnen aufgezwungene exzessive Arbeit ablehnen, so wie ihnen aufgezwungene Untätigkeit während der Einzelhaft missfällt. Was sie vermeiden, ist Maloche, das heißt ununterbrochene, repetitive und sinnlose Arbeit. Auch widerstrebt ihnen, ausgebeutet und ausgenutzt zu werden, also zum Vorteil von jemandem, zu arbeiten, mit dem sie nicht durch vertraute Bande wie Liebe, Freundschaft oder Verwandtschaft verbunden sind. All diese Einstellungen zur Arbeit stehen für sich, und es wäre ein Fehler, aus ihnen insgesamt abzuleiten, Menschen seien im Allgemeinen und von Haus aus faul. Gehören Aktivität, sogar kraftraubende Tätigkeit und die mühselige Überwindung von Hindernissen, zu einem normalen und gesunden menschlichen Leben, gibt es keinen Grund für die These, Menschen würden keine Mühe scheuen, um Arbeit, den kraftraubenden Versuch, das zu ihrem Leben objektiv Notwendige herzustellen, zu vermeiden.

Arbeitsteilung

Selbstverständlich liegt der Gedanke nahe, dass sich aus dem Verlangen nach abwechslungsreicher Tätigkeit und der Abwehr repetitiver Plackerei gewisse Schwierigkeiten ergeben. Beides scheint in der Tat unvereinbar mit einer der Grundbedingungen modernen Wirtschaftens zu sein, nämlich mit der Arbeitsteilung. Einst fertigte ein einzelner Schumacher das Schuhwerk in Handarbeit an. Paar für Paar führte er die notwendigen Arbeiten aus, schnitt das Leder zu, nähte, brachte die Absätze an, bohrte die Löcher für die Schnürsenkel. Die Arbeitsteilung in einer großen Fabrik zerlegt diese Aufgaben in einzelne Arbeitsschritte, sodass nun eine Person alles Leder für die Schuhe zuschneidet, eine andere sämtliche Näharbeiten ausführt, und so weiter und so fort. Man spricht folglich von »technischer Arbeitsteilung«. Durch die Einführung einer derartigen Arbeitsteilung kann, wie sich herausstellte, die Produktion verbessert werden (ohne dass Maschinen zum Einsatz kommen müssen). Daneben gibt es noch eine andere Art der Arbeitsteilung, »soziale« Arbeitsteilung genannt, die nicht innerhalb eines einzelnen Produktionsablaufs stattfindet, sondern zwischen unterschiedlichen Produktionsvorgängen. In einem kleinen Dorf wird jede Familie ihr eigenes Brot in einem Ofen backen, der entweder ihr allein gehört oder Kollektivbesitz des ganzen Dorfes ist, und außerdem auch noch ihre eigenen Holzschuhe anfertigen. In einer etwas größeren Dorfgemeinschaft mag es demgegenüber die eine Familie geben, die sich auf das Backen von Brot spezialisiert hat und eine andere, deren Spezialität die Herstellung von Holzschuhen ist. Es wird zu Warentausch mit diesen Gegenständen kommen. Offenkundig ist, dass sich die beiden Typen von Arbeitsteilung kombinieren lassen.

Mit dem menschlichen Bedürfnis nach Abwechslungsreichtum eigener Aktivitäten ist Arbeitsteilung durchaus vereinbar, verlangt sie doch lediglich eine Ausdifferenzierung und Zuordnung unterschiedlicher *Funktionen*. Damit ist zunächst noch nichts darüber gesagt, wie die Verteilung der verschiedenen

Funktionen auf die Leute aussieht und wer welche Funktion in den jeweiligen Arbeitsschritten übernimmt. Man braucht keine Annahme darüber, dass eine bestimmte Person oder Gruppe an eine definierte Aufgabe »gebunden« ist – und nur an diese für die ganze Zeit. Folglich lässt sich scharf zwischen der Teilung von *Arbeit* und der Verteilung des *Personals* auf verschiedene Berufstätigkeiten unterscheiden. Ohne Weiteres sind Dienstpläne vorstellbar, die Arbeiter dazu ermutigen, von einem Job zum nächsten zu wechseln, vielleicht nicht gleich von Tag zu Tag, aber doch von Monat zu Monat. Dass wir es gleichwohl mit einem oberflächlichen und wenig überzeugenden Argument zu tun haben, mag einem angesichts der folgenden Überlegung aufgehen. Gewöhnlich wird Arbeitsteilung auch damit begründet, dass sie eine Form von Spezialisierung ist, weshalb Leute, die sich auf diese Weise spezialisieren, aufgrund des Umstands, andauernd die gleiche Tätigkeit auszuführen, besonders geschickt und fachkundig werden. Es gibt eben Tätigkeiten, die lange Übung erfordern, und nicht weniger bedeutsam ist der Sachverhalt, dass Arbeiter ihren Beruf immer besser beherrschen, je länger sie ihn ausführen.

Routine und inkrementales Handeln

Nun möchte ich eine ziemlich grobe Unterscheidung zwischen Aktivitäten einführen, die (reine) Routinetätigkeiten sind, und solchen Aktivitäten, die – um einen weitgehend wertneutralen Begriff zu verwenden – »inkremental« sind (ich hätte, weniger wertneutral, auch »fortschreitend« sagen können).

Modelle für »inkrementale« Aktivität liefern im besten Fall Tätigkeiten wie etwa die, Klavierspielen zu lernen, medizinische Diagnosen zu erstellen oder Französisch zu sprechen. Wie der Prozess verlaufen sollte, bei dem man lernt, Klavier zu spielen, davon haben wir eine klare (wenn nicht idealisierte) Vorstellung. Dadurch, dass wir üben, verbessern wir uns, erweitern den Umfang unterschiedlicher Fertigkeiten und können schließlich eine größere Anzahl komplizierter Stücke in einer erweiterten Bandbreite variierender Idiome spielen. Im Idealfall wäre es außerdem so, dass sich unsere Vortragsweise verbessert, womit sowohl unser Vergnügen am Spiel zunimmt als auch unsere Fähigkeit, gutes Klavierspiel wertzuschätzen.

Keinesfalls entsprechen alle Tätigkeiten in sämtlichen Kontexten auch nur entfernt diesem idealisierten Modell inkrementalen Handelns. Wenn ich am Fließband damit beschäftigt bin, Schrauben anzuziehen, werde ich es am dritten Tag besser können als am ersten, doch ist eine weitere Verbesserung in der Ausführung meiner Aufgabe eher unwahrscheinlich. Die Arbeit wird repetitiv, zur Routine. Die Entstehung derart routinisierter Tätigkeiten lässt sich außerdem beobachten, wenn die interne Dynamik inkrementalen Handelns blockiert, unterbrochen, aufgehoben oder sonst wie gestört wird. Muss ich, um ein Beispiel anzuführen, die gleich Takteinheit in einem Musikstück immer und immer wieder üben, ohne einen nächsten Schritt tun zu können, werde ich eine vergleichbare Blockierung erfahren.

Andererseits wird unter Umständen sogar Langeweile interessant. Man kann sich beispielsweise fragen, wie es dieser Kerl immer wieder schafft, unbezwingbare Müdigkeitsanfälle auszulösen, dieses dringende Bedürfnis, die Augen zu schließen und wegzudämmern, sobald er zu sprechen beginnt? Auch Plackerei und Maloche kann in kleinen Dosen von Interesse sein. Also verwandeln sich sogar Routinen, repetitive Jobs, unter gewissen Umständen in inkrementales Handeln, vorausgesetzt, sie müssen nicht endlos wiederholt werden, den Leuten ist gestattet, sich zwischendurch Bewegung zu verschaffen, sie wären angemessen vergütet und es bestünde die Möglichkeit, diese Jobs so zu betrachten, als seien sie in Projekte eingebettet, die als Ganzes nicht von Routinen beherrscht werden. Was Routinearbeit zum Problem macht, liegt nicht in ihrer Natur als solcher, vielmehr verweist es auf den speziellen Modus, in dem gesellschaftlich Profit erzeugt wird, also auf das ökonomische System. In ihm werden die Arbeiter, die Routinearbeit ausführen, unterbezahlt, an ihren Arbeitsplätzen unterdrückt und dazu genötigt, diese Beschäftigungsformen ein Leben lang auf sich zu nehmen. Aufschlussreich ist die Redeweise von »Berufen ohne Zukunft« oder »Tätigkeiten ohne Aufstiegschancen«. Damit wird keine naturgegebene Position im Arbeitsprozess beschrieben, sondern eher so etwas wie ein Artefakt in unserem System von Anrechten, das einige wenige Individuen und Unternehmen dazu ermächtigt, Profit zu erzeugen und die Bedingungen zu bestimmen, unter denen gearbeitet wird. Das System solcher Anrechte ist in eine umfassendere Klassenstruktur unserer Gesellschaft eingebettet, die dafür sorgt, dass Routinearbeit unterbezahlt und Mobilität auf dem Arbeitsmarkt eingeschränkt ist. Grundsätzlich ließe sich sowohl Tätigkeitsvielfalt als auch Arbeitsteilung dadurch besser verwalten, dass – grob gesagt – stumpfe Routinearbeiten unter den Beschäftigten rotieren und diejenigen, die fähig sind, inkrementalere Tätigkeiten auszuführen, die Möglichkeit bekommen, innerhalb der Ausführung ihrer speziellen Fertigkeiten und Vermögen die Abwechslung zu finden, an denen ihnen liegt. Ärztinnen würden die Abwechslung, die sie brauchen, innerhalb ihrer medizinischen Praxis finden, andere ihre Beschäftigung wechseln.

Es ist nicht schwer, das konkrete Bild einer Gesellschaft zu entwerfen, in der es – anders als wir gewöhnlich annehmen – deutlich weniger Konflikte zwischen dem Bedürfnis nach abwechslungsreicher Tätigkeit und der Notwendigkeit von Routinearbeit gäbe. Die sechs Sommerwochen, die ich darauf verwandte, die Kantinenböden und -wände im Stahlwerk zu schrubben, haben mir durchaus gefallen, weil sie sich davon unterschieden, wie ich im Rest des Jahres meine Zeit verbrachte (nämlich damit, griechische Texte zu lesen, Vorlesungen zu besuchen und Aufsätze zu schreiben). In den ersten beiden Wochen brachte ich mir ein paar Kniffe bei, sodass ich die mir zugewiesenen Arbeitsaufgaben effizienter und kraftsparender erledigen konnte. Außerdem gab es – aufgrund einer Reihe glücklicher Umstände, zu denen die Tatsache zählte, dass die US-amerikanische Wirtschaft damals insgesamt boomte – in dem Stahlwerk eine starke Gewerkschaft. (Das Werk war ein sogenannter *closed shop*, was hieß, dass Mitgliedschaft in der United Steel Worker's Union Eintrittsbedingung für ein Beschäftigungsverhältnis war.) Zudem prägte ein vorübergehender Arbeitskräftemangel den regionalen Arbeitsmarkt, weshalb mein Job ziemlich gut, wenn nicht opulent bezahlt war – jedenfalls im Verhältnis zu meinen damals ziemlich bescheidenen Ansprüchen (ich war jung) und den generellen Lebenshaltungskosten an der Ostküste der Vereinigten Staaten. Weil ich den Job nicht mein Leben lang machen musste, konnte ich ihn gut mit anderen, größeren Projekten verbinden, denen ich damals nachging, nicht zuletzt mit dem, die Welt, in der ich lebte, zu verstehen. Insofern hätte ich nichts dagegen gehabt, ihn jedes Jahr – sollte es nötig sein – für ein paar Wochen zu übernehmen, wäre allerdings bestimmt nicht glücklich damit gewesen, keine andere Wahl zu haben, als ihn dreißig Jahre lag in Vollzeit zu meinem Hauptberuf machen zu müssen.

Die Ökonomien von »Ich und Wir«

Wenn jemand fragt, »Wer arbeitet?«, stehen zwei Antworten im Raum, einmal: »Ich arbeite«, und ebenso: »Wir arbeiten«. Beide Antworten sind wichtig, bei lediglich einer bliebe ein äußerst wichtiger Punkt außer Acht. Wer arbeitet, steht immer in einem Arbeitszusammenhang mit anderen. Außerhalb dieser Kontexte von Zusammenarbeit wäre etwas, das ich tue, in der Regel physisch unmöglich und sinnlos. Offenkundig ist diese Tatsache für die Landwirtschaft oder die Industrieproduktion, wo sich Aufgaben stellen, die Zusammenarbeit erfordern, weil sie eine Person allein nicht bewältigen kann. Doch selbst für abstraktere Tätigkeiten, wie z.B. die, ein Buch zu schreiben, ist Kollaboration unabdingbar. Wer hätte je ein Buch geschrieben, ohne irgendeines seiner Themen mit einer anderen Person zu besprechen? Dabei beschränkt sich die aller Arbeit innewohnende Kollaboration keineswegs auf die Gegenwart, vielmehr hat sie auch eine historische Dimension. Wenn mein Onkel auf seinen Feldern arbeitete, gehörten zu dem »Wir«, das die Ernte einbrachte, in nicht unbedeutender Hinsicht auch die Männer, die den Mähdrescher meines Onkels gebaut hatten.

Ökonomie im Schatten von Descartes und Locke

Die dargelegte Ansicht dürfte für Leute, die in Gesellschaften wie der unsrigen aufgewachsen sind, kontraintuitiv sein, wird der zeitgenössische Common Sense doch nachdrücklich durch eine Reihe von Annahmen geprägt, die den grundsätzlichen Vorrang des »Ich« betonen. Deshalb ist mit dem Einwand zu rechnen, dass die Behauptung, beide Weisen, menschliche Arbeit zu betrachten – »Ich arbeite« und »Wir arbeiten« – seien gleichermaßen stichhaltig, falsch ist. Niemand könne ernsthaft glauben, ihnen komme gleiches Gewicht zu. »Ich arbeite« bezieht sich auf Wirkliches, auf etwas, das greifbar und nicht weiter ableitbar ist. Angesichts der erdrückenden Evidenz dieser Wirklichkeit wirkt die ins Auge gefasste »Wir«-Perspektive wie eine artifizielle Konstruktion, wie ein bloß abstrakter, ungreifbarer und nachgeschobener Einfall. Als ich mir bei einer meiner Verrichtungen im Stahlwerk den Arm an einer glühend heißen Stahlspule verbrannt habe, die ich versehentlich berührt hatte, war es doch *mein* Arm, der eine Verbrennung davontrug, und nicht ein Phantomkörperteil dieses angeblichen »Wir, die Werktätigen von US Steel«.

Die geläufige Vorstellung einer vermeintlichen selbstverständlichen Priorität des »Ich«, die ich zurückweise, geht auf eine Ansammlung abgegriffener Versatzstücke zurück, die den Theorien von Descartes und Locke entstammen. Sie beruht auf der Idee, das »Ich« sei absolut basal und schlechterdings grundlegend. Doch ist der ontologische Status dieses »Ich« völlig verschwommen (womit sich der Common Sense bereits vom historischen Descartes entfernt, der diesen Status keineswegs für unklar hielt, das Ich vielmehr zu einer »Substanz« erklärte). Mag also sein, dass es keine Substanz, kein Ding, auch keine Eigenschaft eines Dinges ist, sondern eine Art psychischer Einheit oder Funktion im Reflektieren, letztlich sind diese Detailfragen bedeutungslos. Was dieses »Ich« auch immer ist, in jedem Fall soll es meiner Introspektion unmittelbar gegeben sein. Was ich im Blick nach innen ausmache, mag ungewiss sein, doch lässt es sich praktisch nicht bestreiten: »Ich weiß, was ich denke und will.« Könnte es ein klareres und sichereres als dieses Wissen geben? Die Ich-heit, deren Verortung unbestreitbar ist, wird auf unterschiedliche Weise in die Welt eingreifen. Einer ihrer möglichen Eingriffe in die Welt besteht dann darin zu arbeiten, also beispielsweise ein Fleckchen Erde zu kultivieren, damit ein Garten entsteht. Indem ich tätig werde, die Erde »mit meiner Arbeit verbinde« (jetzt kommt Locke mit einer vagen Reminiszenz an Dinge ins Spiel, die er in seinen Schriften formuliert haben könnte), eigne ich sie mir (vorausgesetzt, dass es noch keinen anderen Besitzer gibt) als mein Eigentum an.[30] Dadurch, dass ich Land

30 John Locke, *Zwei Abhandlungen über die Regierung*, hrsg. und eingeleitet von Walter Euchner, Frankfurt am Main 1977, §28 der zweiten Abhandlung, S. 217.

bearbeite – immer vorausgesetzt, dass niemand einen früheren Besitzanspruch geltend macht –, erwerbe ich ein Recht auf dieses Stück Erde und seine Produkte. Dieses Recht bedarf keiner »Anweisung und Zustimmung von irgendjemandem«. Die gänzlich vor-gesellschaftliche und vor-politische Tatsache der durch Arbeit gestifteten Verbindung meines selbstbezüglichen »Ichs« mit *diesem* Stückchen äußerer Wirklichkeit bildet das unerschütterliche Fundament, auf dem der gesamte bewegliche Überbau unseres sozialen kulturellen Lebens ebenso ruht wie alle Politik.

Bedauerlicherweise führt Locke in der Textpassage, auf die sich das oben Gesagte lose bezieht, im Einzelnen noch aus, dass er ein Recht auf alles besitze, mit dem er sich durch Arbeit verbunden habe, sowohl auf das, was ihn seinen Schweiß gekostet hat, als auf das, was er der Erde entnommen habe. Außerdem behauptet er, dieses Recht erstrecke sich zudem auf »den Torf, den mein Knecht gestochen hat«. Wie aber kann ihm die Arbeit seines Knechts ein Anrecht auf den von ihm gestochenen Torf verschaffen? Ist es einleuchtend, dass Lockes Beziehung zu seinem Knecht – ein Verhältnis, das ihm das Anrecht auf alles verschafft, was der Knecht findet, anbaut oder herstellt – gänzlich prä-sozial und prä-politisch ist, also tatsächlich keiner »Anweisung und Zustimmung von irgendjemandem« bedarf?

»Das besitzergreifende Ich«

Lockes Besitzanspruch auf den Torf, den sein Knecht gestochen hat, exemplifiziert ein Phänomen, das ich »das besitzergreifende Ich« nennen würde. Mir ist es aufgefallen, als ich zum ersten Mal in meinem Leben einem echten Banker begegnet bin. Was mich beschäftigte, war die Art und Weise, in der er mitteilte: »An X würde ich mein Geld nicht verleihen.« Dass damit nicht die Weigerung gemeint war, in seiner Hosentasche nach ein paar Münzen für X zu suchen, hatte ich sofort verstanden. Gemeint war auch nicht, er werde X kein Geld von seinem Bankkonto überweisen. Was er sagen wollte, war, dass er nicht die Absicht habe, X Geld anzuweisen, das *andere Leute* der Bank, für die er arbeitete, überlassen hatten. Mit »mein Geld« war sicherlich nichts gemeint, was er im Schweiße seines Angesichts erworben oder von seinem ebenso sparsamen wie fleißigen Großvater ererbt hätte. Auch kein Anrecht auf irgendeinen Besitz, den er durch eigene Aktivitäten im Finanzsektor erworben hätte. Was ihm vorschwebte, war, dass andere Leute Geld in die Bank eingezahlt hatten, für die er tätig war; dass er sich dort in der Hierarchie der Angestellten hochgearbeitet hatte und nun den Bedeutungsumfang von »ich/mein« so weit ausdehnen konnte, dass alle Geldeinlagen mitgemeint waren, die er mit Blick auf die Frage, ob sie verliehen oder nicht verliehen werden, als »seine« betrachtete.

Auch Locke, der Geld in den Sklavenhandel investiert hatte, konnte sich offenbar mühelos eine Ausweitung seines »Ich« vorstellen, die noch die Arbeit seines Knechts sowie die Ergebnisse von dessen Tun umfassen würde. »*Wir* brauchen Torf«, hätte er einem seiner Knechte auftragen können, »also musst *du* losgehen und *mir* diesen Torf stechen.« Die voneinander abweichenden Ausdehnungen seines »Ich« und desjenigen seines Knechts hätten Locke nicht weiter irritiert, weil er sie für vollkommen selbstverständlich halten würde. »Was *du* stichst, ist *deins*, also *unseres*, deshalb *meins* (obwohl das, was *meins* ist, nicht notwendigerweise *unseres* ist, gewiss aber nicht *deins*).« Knecht zu sein, bedeutete, sich die entsprechenden imaginativen Tricks zu vergegenwärtigen: »der Torf, den ich steche => der Torf meines Herrn; mein Diebstahl eines Brotlaibs => meine Todesstrafe am Galgen«. In der Passage aus Lockes zweiter Abhandlung über die Regierung, die ich herangezogen habe, tritt der Philosoph im Übrigen in ziemlich überraschender Gestalt als Vorläufer von Autoren wie Jarry, Ionesco und Beckett auf, wenn er sich nämlich einbildet, sein »Ich« umfasse nicht nur den Torf, den sein »Knecht« steche, sondern auch noch das »Gras, das mein Pferd gefressen« hat.

Im Grunde tritt das besitzergreifende Ich als eine moderne Variante des aus der Mode gekommenen Pluralis Majestatis auf. Brecht trifft mit der ihm eigenen Prägnanz den Nagel auf den Kopf, wenn es in seinem berühmten Gedicht heißt:

»Der junge Alexander eroberte Indien.
Er allein?
Cäsar schlug die Gallier.
Hatte er nicht wenigstens einen Koch bei sich?«[31]

Informative und weniger informative Varianten

Die Auffassung, Eigentum müsse aus seiner Beziehung zu Arbeit verstanden werden (häufig wird sie über den Umweg irgendwelcher Vorstellungen von »leeren Wüsten« vorgetragen), verdankt ihre Attraktivität nicht zuletzt einer Zusammenstellung spezieller, jedoch allzu simpler und ahistorischer Beispiele. Wahrscheinlich teilen eine Menge Leute die Überzeugung, dass ein Bauer, der seine Felder im Schweiße seines Angesichts über Jahrzehnte erfolgreich beackert hat, einen *gewissen* Rechtsanspruch darauf hat, ihre Bewirtschaftung, wenn es seinem Wunsch entspricht, fortzusetzen. Den Landwirt ohne irgendeinen Grund unter Gewaltanwendung von seinen Feldern zu vertreiben, würde ihrem Rechtsempfinden widersprechen. Doch zeigt bereits die Verwendung des Ausdrucks »vertreiben« an, dass dieses Fallbeispiel keinen prä-sozialen Zustand aufruft, sondern von einer Gesellschaft ausgeht, in der so etwas wie die uns bekannte Eigentumsordnung vorliegt. Also

31 Bertolt Brecht, »Fragen eines lesenden Arbeiters«, in: ders., *Die Gedichte*, Frankfurt am Main 1981, S. 656.

wäre zu fragen, ob jemand schon vor dem Erscheinen des Bauern das Land besiedelt hatte und was mit den Menschen geschehen ist, die dort lebten. Der Fall einer nordamerikanischen Familie von Pionieren stellt sich sofort anders dar, wenn anzunehmen ist, dass deren Land erst kultiviert werden konnte, nachdem die indigene Bevölkerung ausgerottet worden war. Außerdem liefert das Beispiel der Siedler kein besonders instruktives Modell dafür, wie Vermögen heutzutage erwirtschaftet werden. Ein milliardenschwerer Medienunternehmer kann sich seinen Reichtum und seine Position durchaus durch harte Arbeit verdient haben. Anders sieht die Sache aus, hätte seine Arbeit darin bestanden, einer Forscherin, die an einer aus Steuergeldern finanzierten Universität arbeitet, ihre Erfindung wegzuschnappen, weil er deren Potenzial erkannt hatte, und ansonsten darin, geschickte finanzielle Transaktion einzufädeln, seine Zulieferer unter Druck zu setzen und mögliche Konkurrenten (deren Technologie mindestens so gut wie die eigene war) skrupellos an den Rand zu drängen, zu beschädigen oder völlig auszuschalten, um dem eigenen Unternehmen eine Monopolstellung im Markt zu sichern.

Wie die Ergebnisse und Erlöse dessen, was »wir« erarbeiten (wir, die Bauernfamilie, die Siedler aus Europa, die Generationen von Stahlarbeitern in Eisenhüttenwerken, die Kontoinhaber und Investorinnen, die Technikerinnen und Vermarkter in Internetunternehmen), bestimmten Individuen zugeschrieben werden, ist immer eine Frage der Politik. Es gibt keine natürliche, vollkommen prä-politische Kausalkette, die nachzuverfolgen wäre und von sich aus die Frage beantworten könnte, wem eigentlich was zustehen sollte. Die tatsächlichen Entscheidungen darüber, wer was bekommt, verweisen auf eine Reihe unterschiedlicher Faktoren, die ich am Leitfaden ihrer mehr oder weniger abnehmenden Bedeutung auflisten werde: der Einsatz schierer Gewalt (eine indigene Bevölkerung, die vor

Ort Besitz- und Eigentumsansprüche infrage stellt, existiert nicht mehr); historische Zufälligkeiten (Erbschaft); komplexe politische Manipulationen; Verhandlungen und schließlich ein kläglicher Sprühregen von Appellen an unterschiedliche moralische Gefühle (»dies ist verdient; das wäre grausam, unanständig, ungerecht oder unfair«). Zu glauben, das verwickelte Netz moralischer Gefühle, das unsere Meinungen darüber strukturiert, was belohnenswert, verdient, gerecht, fair, menschlich oder sonst etwas sei, ließe sich auf eine einzige Dimension zurechtschneiden, ist eine völlig grundlose Annahme. Und es gibt auch keinen Grund für die Erwartung, eine Theorie dieser unsere moralischen Gefühle vereinheitlichenden Dimension – einmal angenommen, dass sie überhaupt existiert – würde in der Welt irgendetwas bewirken. Es gibt gewiss keinen natürlichen oder unwiderstehlich rationalen Weg, der direkt von Arbeit zu ihrer Vergütung führt. »Ich« ist kein ursprüngliches *fundamentum inconcussum*, sondern die Bezeichnung einer bestimmten Position in dem äußerst komplexen Zusammenspiel von »ich, du, wir und sie«. Dieses Sprachspiel, das wir ganz früh erlernen, ist stets in Fortentwicklung begriffen und bildet die Basis für alles, was wir auszurichten vermögen. Die besonderen Begriffe, die in diesem Spiel zum Einsatz kommen, sind höchst veränderlich, offen und Gegenstand anhaltender Revisionen.

Spätestens seit Rimbaud und Nietzsche[32] haben wir realisiert, dass das »Ich« – anders als von Descartes behauptet – keine Gegebenheit, sondern genauso wie das »Wir« ein Konstrukt der Imagination ist. Dementsprechend sind wir uns darüber im Klaren, dass »mein Knecht« in »mein Herr« sein notwendi-

32 Arthur Rimbaud, »Rimbaud à Georges Izambard (Charleville, [13] mai 1871)«, in: ders., *Oeuvres complètes*, Paris 1972, S. 248–249; Friedrich Nietzsche, *Zur Genealogie der Moral. Eine Streitschrift*, »Erste Abhandlung: ›Gut und Böse‹, ›Gut und Schlecht‹, §§ 13 u. 14 «, a. a. O., Bd. 5, S. 278–281.

ges Korrelat besitzt. Was die Beziehung beider stiftet, lässt sich nur dank eines ausgesprochen idiosynkratischen Regelwerks zum Ausdruck bringen. In ihm ist festgelegt, wer das »Ich« ausdehnen darf und wer es einzuschränken hat; wie weit die Ausdehnung jeweils gehen kann und unter welchen Umständen sie erlaubt ist; wem es unter welchen Umständen gestattet ist, ein Teil des »Wir« zu sein; wer dazu gezwungen ist, sich »uns« anzuschließen und wer grundsätzlich ausgeschlossen ist.

4 Unbehagen an und Zukunft der Arbeit

Formen radikalen Unbehagens

Unzufriedenheit mit der Arbeit ist so alt wie die Arbeit selbst. Und die Unzufriedenheit mit unserer Arbeitsordnung so alt wie die Industriegesellschaft. Mitunter werden allerdings auch sehr gezielte Klagen über die Arbeit laut. So haben sich in Großbritannien die Beschäftigten des National Health Service (NHS) während der COVID-19-Pandemie im Jahre 2020 darüber beschwert, nicht mit den nötigen Schutzutensilien ausgestattet zu sein, obwohl eine der durch die Regierung veranlassten Maßnahmen gerade die Bedeutung derartiger Vorkehrungen für den Seuchenschutz herausgestellt hatte. Gelegentlich handelt es sich aber auch um einen Unmut, der nicht dadurch zu besänftigen ist, dass an bestehenden Regelungen herumgedoktert wird. Diese Art von Unbehagen äußert sich in radikaleren Forderungen. Im Folgenden möchte ich einige der häufig vorgebrachten Vorschläge ansprechen, die auf grundsätzliche Veränderungen unserer Arbeitswelt abzielen.

Arbeit abschaffen

Ein erster Typ von Unzufriedenheit bekundet sich im Hintergrund von Phänomenen wie dem hartnäckigen Traum vom Schlaraffenland als einem Ort, an dem die Fülle der Natur das Leben leicht und alle Arbeit überflüssig macht. Selbstverständlich wird Arbeit schon seit Jahrhunderten durch ihre Mechanisierung zunehmend erleichtert. Sogar Homer (Ilias 18, 370 ff.) erwähnt bereits sich selbst bewegende *(automata)*, mechanische Assistenten, die der Gott Hephaistos geschaffen hat, damit sie ihm bei seiner Arbeit in der Schmiede helfen. Was könnte naheliegender sein, als diese Spur weiterzuverfolgen, um einen möglichen Zustand der Welt herbeizuführen, in dem menschliche Arbeit völlig abgeschafft wäre? Wir lebten dann in einer Welt, in der – sagen wir – sich selbst steuernde Mähdrescher die Getreideernte einbrächten und intelligente Roboter in den Fabriken arbeiteten.

Denkt man etwas gründlicher über die Utopie vom Schlaraffenland nach, werden allerdings dystopische Züge in einer solchen Vorstellung vom Paradies erkennbar. Nur vier Punkte möchte ich in diesem Zusammenhang anführen.

Um auf Deweys Überlegungen im letzten Kapitel zurückzukommen, wäre als Erstes die ungeheure Fadheit eines Lebens zu konstatieren, das keine Anstrengungen kennt, keine Schwierigkeiten und Hindernisse, die zu bewältigen sind. Dantes *Inferno* ist, wie schon häufig bemerkt wurde, nicht umsonst deutlich interessanter als sein *Paradiso*. Viele herkömmliche Vorstellungen, die den Himmel als einen »Sabbat der Sabbate« präsentieren, lassen ihn ungeheuer langweilig erscheinen. Für Bauern, die von morgens bis abends auf ihren Felder arbeiten, mag das Schlaraffenland oder ein permanenter Super-Sabbat ein Traumgebilde sein, das Ausgleich verspricht, doch entspringt seine Anziehungskraft eben dem *Kontrast*, in dem ein solcher Traum zur Wirklichkeit steht. Gäbe es diese Wirklichkeit nicht mehr, würde das imaginäre Konstrukt plötzlich unattraktiv. Selbst für einen Bauern, der sich daran erinnerte, wie es sich vormals mit seiner Arbeit verhielt, würde es nicht nur uninteressant, sondern unerträglich. Das Leben im Paradies wäre sinnlos, da die sinnstiftende Struktur eines menschlichen Lebens doch aus dem kleinmaschigen Gewebe winziger Episoden besteht, in denen Hindernisse wahrgenommen und überwunden werden. Wäre dieser Stoff völlig beseitigt, was könnte noch der Sinn des verbliebenen Rests sein? Der einzig denkbare Zustand für einen Menschen, in dem es keine Reibung, keine Hindernisse, keinen Grund für Anstrengungen mehr gäbe, wäre der Tod. Wer mag, kann das Nirvana zu seiner ultimativen Form von Glückseligkeit erklären. Dazu haben sich in der Tat eine ganze Menge Leute entschlossen. Leidenschaft, Verlangen, Enttäuschung, Frustration gibt es dort allerdings so wenig wie Triumph oder Niederlage. Das ist einer der Gründe, warum es auf viele so anziehend wirkt, zugleich aber auch der Grund dafür, dass ein Nirvana kein gutes Modell zum Verständnis menschlichen Lebens liefert und auch keine Aussicht auf eine brauchbare Analyse der menschlichen Gesellschaft.

Ein zweiter dystopischer Zug wird in E.M. Fosters Erzählung *The Machine Stops* thematisiert. Zweifelsohne gehört zum Traum von einer »vollständigen« Automatisierung die Vorstellung, wir könnten in einer Welt selbsttätiger Maschinen auf die Ausübung aller Fertigkeiten verzichten, die wir – gäbe es die Automaten nicht – zum Überleben bräuchten, abgesehen von den Fertigkeiten, die für deren Überwachung und Instandhaltung nötig sind. Aber was passiert, wenn in der automatisierten Welt etwas schiefläuft? Wenn beispielsweise Engpässe in der Energieversorgung der Maschinen auftreten oder sie aus anderen Gründen ihren Dienst versagen? Sind wir gewillt, darauf zu vertrauen, dass die selbstlernenden Maschinen schon in der Lage sein werden, selbst mit grundsätzlich Unerwartetem fertig zu werden?

Sollte die Befürchtung in diesen Fall sein, dass die Maschinen in der Tat nicht mehr arbeiten, dass sie unfähig sind, sich an das Unerwartete anzupassen oder sich am Ende abnutzen, speist sich ein dritter dystopischer Zug aus einer entgegengesetzten Annahme. Ihr zufolge werden die Automaten nur allzu gut darin, ihre Funktionen auszuüben, zu lernen, jede erdenkliche Situation zu meistern und sich selbst zu perfektionieren. Sie entwickeln die Fähigkeit, eigene Entscheidungen zu treffen und sich neue Ziele zu setzen, also eine Kompetenz, die unabdingbar ist, sollen sie selbstständig auf unvorhersehbare Lagen reagieren können. Doch wenn sie tatsächlich perfekt funktionierten und damit begännen, selbstgesteckte Zwecke zu verfolgen, wie könnten wir dann noch wissen, ob sich ihre Ziele nicht von den unsrigen unterscheiden, vielleicht sogar inkompatibel mit den unsrigen sind? Was könnte garantieren, dass sie überhaupt ein positives Interesse an unserer Fortexistenz hätten? Mary Shelleys *Frankenstein* ist kein Roman über Mechanisierung, sondern über Biotechnologie, wie wir heute sagen würden. Allerdings bringt auch ihr Buch die Sorge zum Ausdruck, ein künstlich geschaffener Mensch, der sich in ein unabhängiges Lebewesen verwandelt, werde zu einer Bedrohung für seinen Schöpfer, womit Shelley den ganzen Reigen verwandter Warnungen eröffnet, mithin ein eigenes literarisches Genre aus der Taufe gehoben hat.

Der vierte Fall ist subtiler als die drei anderen, in denen dystopische *Züge* sichtbar werden. Die Bewohner des Schlaraffenlandes erwecken nicht nur den Eindruck, nahezu unvermeidlich zu Opfern der Langeweile zu werden, auf sie trifft noch etwas anderes zu. Denis Diderot, der Enzyklopädist, hat gegen Ende des *Ancien régime* im 18. Jahrhundert seinen bemerkenswerten Roman *Jacques der Fatalist und sein Herr* geschrieben. Die Erzählung des Romans kreist um einen Herrn und seinen Diener, das Faktotum Jacques. Beide treten eine Reise an, deren Ziel bis ganz zum Schluss des Romans ungeklärt bleibt. Ständig wird ihre Tour von zufälligen Begebenheiten unterbrochen, die völlig unerwartet eintreten und Jacques veranlassen, in einer langen Serie einzelner Geschichten aus seinem Leben zu berichten. Eine der beachtlichen Eigenarten des Romans besteht darin, dass eine Figur wie Jacques, der Diener, im Zentrum der Aufmerksamkeit steht. Er lässt sich auf die Welt ein und sorgt dafür, dass die anstehenden Dinge erledigt werden, was ihn zu dem mit Abstand interessantesten Protagonisten macht. Im Vergleich zu ihm, ist der Herr eine etwas merkwürdige Nummer, die nicht einmal einen eigenen Namen hat, sondern nur als »der Herr« firmiert. Wie Hegel anmerkt, beschränken sich dessen Aktivitäten darauf, Tabak zu schnupfen, nach der Zeit zu fragen und Jacques zuzuhören, der über seine zahlreichen Abenteuer berichtet. Das völlige Unvermögen des Herrn, sich mit der Welt notwendiger Arbeit zu befassen, lässt ihn als einen zutiefst unseriösen Charakter erscheinen. Freilich kommt sein Mangel an Ernsthaftigkeit keineswegs dem *ennui* gleich, der die Menschen im Schlaraffenland heimsucht, denn dieser Herr wird nicht als jemand porträtiert, der besonders gelangweilt wäre. Er ist schlicht zu hohlköpfig, um sich wirklich zu langweilen. Vielmehr *langweilt* er als jemand, der einfach nichts über sich mitzuteilen hat. Ein Leben, das völlig belanglos zu sein scheint, hat ihn zu einem unverbesserlichen Leichtgewicht gemacht. Angesichts einer Konstellation, in der eine Person einer anderen alles abnimmt, jede Arbeit erledigt, haben wir es offenkundig nicht mit einer Situation zu tun, bei dem alle Arbeit von Maschinen übernommen wird. Allerdings finden sich gute Gründe für die Vermutung, in einer vollautomatisierten Welt kämen wir in genau die Lage, die Diderot darstellt. Daher drängt sich die Frage auf, ob das unvermeidliche Ergebnis einer Welt voller komplexer Maschinen, die sämtliche Arbeiten ausführen, nicht eine Bevölkerung wäre, die sich aus ebenso einfältigen wie oberflächlichen Menschen zusammensetzt.

Hegel war ein passionierter und aufmerksamer Leser Diderots. Aus der Beschreibung von Jacques und seinem Herrn zog er detaillierte, ihm für seine systematisierenden Absichten angemessen erscheinende Schlussfolgerungen, die er in seinem abstrakten und eigenwilligen Idiom zu Papier brachte. Den Herrn in Reinform identifizierte Hegel als Repräsentanten des in das *Ancien régime* passenden Schwert- und Geburtsadels. Die Daseinsberechtigung eines solchen Herrn liefert seine militärische Tüchtigkeit, insbesondere der Mut, den er während bewaffneter Konflikte zeigt (oder gezeigt hatte), in denen er sein Leben riskiert. Die Bereitschaft, das eigene Leben aufs Spiel zu setzen, verleiht dem Herrn, wie er selbst geltend macht, das Recht auf den Genuss des ihm Zustehenden, zu dem die unbeschränkte Ausbeutung der Arbeitskraft des Knechts gehört (von dem angenommen wird, ursprünglich sei er ein Kriegsgefangener). Übernimmt der Knecht tatsächlich alle Arbeiten, erschließt er sich damit zumindest die Chance, seine eigenen Fähigkeiten im Zuge seiner Tätigkeiten kennen und beherrschen zu lernen. Tut der Herr nichts anderes als lediglich zu genießen, was ihm der Knecht vorsetzt, ist es dieser Herr, der rasch zu einer unbedeutenden Nullität verkommt. Zwar mag der Herr das Brot, den Wein sowie das Wild in Besitz nehmen und verkonsumieren, doch werden es seine Knechte sein, die sich zu fachkundigen Bäckern und Winzern entwickeln, sich mit den Lebensgewohnheiten des Wilds vertraut machen, um es erfolgreich zu jagen, die ihre Hand an die verschiedensten Aufgaben legen (müssen), damit sie den Wünschen des Herrn nachkommen können. Aufgrund seiner Arbeit wird der Knecht zu einem ernsthaften Menschen, macht sich mit der Welt bekannt, eignet sich spezielle Fertigkeiten an und erschließt sich ein potenziell ebenso reiches wie in sich gegliedertes inneres Leben.

Nach Hegels idealisierender Darstellung reserviert der Herr das pure Vergnügen für sich, während er alle Arbeit dem Knecht überlässt, der sich daraufhin verschiedene Kompetenzen, ein Wissen von der Welt und unterschiedliche Weisen der Selbstbeherrschung aneignet. Diesem Bild wird Marx die Überlegung hinzufügen, dass die Herren, wenn sie denn wirklich zu nichts anderem als Konsum-Apparaten werden, letztlich auch am »rechten Genuss« scheitern werden, ist Genießen seinerseits doch ein menschliches Können und Vermögen, das sowohl kultivierbar ist als auch kultiviert werden muss. Und eben diese Kultivierung braucht den Kontakt zu den Modalitäten ernsthaften Tätigseins, also letztlich zur Aktivität des Arbeitens.[33] Das Vergnügen der Herren dürfte mithin keineswegs »pur« sein, sondern eher grob und ungehobelt ausfallen. Ihr vielgepriesener Mut, die Bereitschaft, das eigene Leben zu riskieren und den Tod aufs Spiel zu setzen, steht außer Frage, nur verliert diese Einstellung in sozialer wie anderer Hinsicht ihre Bedeutsamkeit. Die Tugend des Mutes allein führt in eine Sackgasse. Nichts folgt aus momentaner Todesverachtung, wenn sie die Geste eines hohlköpfigen, reinen Genusswesens ist. Der Tod eines solchen Herren ist, wie es an anderer Stelle bei Hegel heißt, nicht bedeutsamer als »das Durchhauen eines Kohlhaupts oder ein Schluck Wasser«.[34]

Entfremdung überwinden

Mit den Vorschlägen, die auf eine völlige Abschaffung körperlicher Anstrengungen bei der Herstellung des Lebensnotwendigen und der Bereitstellung unabdingbarer Dienstleistungen hinauslaufen, wollen Denker in der Hegel'schen Tradition eigentlich nichts zu tun haben. Es war ein etwas anders gelagerter Strang, der sich durch die Auseinandersetzungen mit dem Unbehagen an der Arbeit zog, den viele dieser Philosophen aufgegriffen haben. Er geht auf den frühen Marx der 1840er Jahre zurück, stützt sich auf den (ursprünglich Hegel'schen) Begriff

33 Karl Marx, »Die entfremdete Arbeit«, in: *Ökonomisch-philosophische Manuskripte* (1844), in: Marx-Engels-Werke, Berlin 1960, Ergänzungsband 1, S. 518–519; ders., »Privateigentum und Kommunismus«, a. a. O., S. 540–542.

34 G. W. F. Hegel, *Phänomenologie des Geistes*, hrsg. von H.-F. Wessels und H. Clairmont, Hamburg 2002, S. 390.

von »Entfremdung«,[35] wurde eingehend erörtert und besaß historisch die wohl größte Zugkraft. Hegels Konzept von Entfremdung ist seiner Reichweite nach von höchster Allgemeinheit: Y ist von X »entfremdet«, wenn Y eigentlich im Besitz von X sein sollte, es aber nicht ist. Umgekehrt, also aus der Perspektive von X betrachtet, »sollte« Y »meins« sein, was aber nicht der Fall ist. Wie »mein« zu verstehen ist (und was in der vorhergehenden Formulierung »im Besitz von« bedeutet), bleibt eine Interpretationsfrage. Wenn ein General vor einer Schlacht drei Armeecorps hat (I, II und III) und in dem Moment, wo die Schlacht beginnt, das Corps III zum Feind überläuft, dann wurde (hat sich) dieses Corps entfremdet. Der General durfte mit Gründen annehmen, Corps III sei »seines«, nun aber ist es »ihres«. Stiehlt mir jemanden meinen Stift aus der Tasche, dann hat er ihn mir »entfremdet«: obwohl er doch mein Stift sein sollte, ist er es nun nicht mehr. Arbeitet eine Untergebene detailliert einen Plan aus, den einer ihrer männlichen Vorgesetzten als seinen eigenen präsentiert, dann hat er ihn »entfremdet«. Nehmen wir an, dass die Mannschaft »Dynamo Axxa« seit Jahrzehnten in der Stadt Axxa beheimatet ist. Die Stadtbevölkerung hat das Team über die Jahre immer unterstützt und vielfach gefördert. Man ist dort stolz auf diese Mannschaft. Die Einwohner von Axxa betrachten die Mannschaftsmitglieder als *nashi* (»unsere Jungs«). Dann wird das Team verkauft, in die Stadt Bexxa (die weit entfernt von Axxa liegt) umgesiedelt und in »Dynamo Bexxa« umbenannt. Nehmen wir nun an, dass »Dynamo Bexxa« eine Reihe zusammengewürfelter Mannschaften besiegt, die in Axxa aufgestellt und aufs Spielfeld geschickt wurden. Die Mannschaftsmitglieder von »Dynamo Bexxa« sind (jedenfalls noch für eine Weile)

35 Karl Marx, »Die entfremdete Arbeit«, in: *Ökonomisch-philosophische Manuskripte* (1844), in: Marx-Engels-Werke, Berlin 1960, Ergänzungsband 1, S. 510–522.

dieselben wie die von »Dynamo Axxa«, dennoch hat sich das Team bei dem Turnier von seinen vormaligen Fans und Unterstützern in Axxa »entfremdet«.

Marx spricht in drei verschiedenen Kontexten von »Entfremdung«, wobei die ersten beiden Religion und Politik sind. Im Feld der Religion kann von Entfremdung deshalb die Rede sein, weil der »Gott« des Monotheismus eine imaginäre Projektion dessen darstellt, was in Wahrheit ureigene menschliche Kräfte sind, die in Übergröße einem Wesen, das man sich als grundsätzlich »anders« geartet vorstellt, zugeschrieben werden. Und gewöhnliche Politik ist deshalb eine Erscheinungsform von Entfremdung, weil es politisch stets um den Zugriff auf Staatsmacht geht, während »der Staat« faktisch eine Struktur ist, in der sich unsere Kräfte in einem Ausmaß gegenüber unserer Kontrolle verselbstständigen, dass sie uns unterdrücken. Die dritte Gestalt von Entfremdung, die Marx behandelt, ist diejenige, die uns nun beschäftigen soll, gemeint ist die Entfremdung von der Arbeit. Erinnern wir uns an Hegels Beispiel von dem Jungen, der Steine in einen Teich wirft. Die Sphäre der Arbeit, also diejenige Aktivität, die erkennbare äußere Wirkungen in der Welt erzeugt, sollte ein Bereich sein, wo ich Bedeutung stifte, indem ich mich selbst verwirkliche und darin bejahe. Dort sollte ich sowohl meine eigene Tätigkeit erkennen als auch die Produkte dieser Tätigkeit – und zwar als meiner Kontrolle unterliegend. Freilich führte Marx die Beobachtung der Industriearbeit im 19. Jahrhundert zu der Schlussfolgerung, dass es unmöglich sei, in den seinerzeit vorherrschenden ökonomischen Verhältnissen eine auch nur entfernte Umsetzung dieses Modells auszumachen. Nicht die Arbeiter, sondern die Eigentümer der Fabriken waren sowohl im Besitz der hergestellten Güter als auch der zu ihrer Produktion verwendeten Maschinen. Sie besaßen die Macht, sämtliche Bedingungen, unter denen die Produktion stattfand, zu kontrollieren. Und sie nutzten diese Macht rücksichtslos, um eigene Interessen durchzusetzen. Diese Interessen (an geringen Löhnen, minimalem Arbeitsschutz, Überstunden) waren in der Tat völlig unvereinbar mit denjenigen der Arbeiter. Das Machtgefälle zwischen Eigentümern und Arbeitern versetzte die Fabrikbesitzer in die Lage, den Vorrang ihrer Interessen bei Konflikten sicherzustellen, das heißt in Konfliktsituationen, die angesichts der Organisationsform kapitalistischen Wirtschaftens systemischer Natur waren. Unter solchen Gegebenheiten war die gesamte Arbeitswelt eine Domäne, welche die Arbeiter »entfremdete«: Ein Handlungsraum, in dem sie sich selbst verwirklichen sollten und der ihrer Kontrolle unterliegen müsste, in dem sie sich selbst bejahen und über die Möglichkeit verfügen sollten, eigene Bedeutung zu schaffen, hatte sich ihnen gegenüber gänzlich verselbstständigt, sie zu Objekten von Kontrolle und Unterjochung gemacht. Die Welt der Arbeit trat den Arbeitern als etwas gegenüber, das ihren Interessen fremd war.

Heute wird schnell mal gesagt: »Ich fühle mich entfremdet«, was die Vorstellung nahelegt, Entfremdung sei ein spezieller Zustand individuellen psychischen Elends. Doch für Marx ist Entfremdung kein Begriff aus der Individualpsychologie. Er bezieht sich vielmehr auf einen Sachverhalt in der Wirklichkeit, eine ontologische Bedingung – jene nämlich, dass die Arbeiterin entfremdet ist, nicht weil sie einen Sinnverlust *erfährt* oder *fühlt*, nicht weil sie *wahrnimmt*, wie ihr das Arbeitsleben aus der Kontrolle gerät oder das Produkt von ihrer *Tätigkeit* getrennt wird. Entfremdet ist sie, weil sie in der Tat von ihrem Arbeitsprodukt getrennt *ist*. Es gehört dem Fabrikbesitzer, wird ihr am Ende des Fertigungsvorgangs weggenommen und in der Absicht, Profit für den Fabrikbesitzer zu generieren, auf Wegen verkauft werden, auf die sie keinen Einfluss nehmen kann. Da sie faktisch keine Kontrolle *hat*, ist es nicht weiter verwunderlich, wenn auch ihr aufgeht, keine Kontrolle zu haben, eine Erkenntnis, von der erwartet werden kann, dass sie mit verschiedenen psychologischen Begleiterscheinungen (Wut, Niedergeschlagenheit, etc.) einhergeht. Gleichwohl bezeichnet Entfremdung die Tatsache eines solchen Mangels an Kontrolle und nicht die Einstellungen zu ihm, die psychischen und emotionalen Reaktionen auf diesen Sachverhalt. Denkbar und möglich ist durchaus, dass Arbeiter entfremdet sind, ohne es zur Kenntnis zu nehmen oder darauf mit negativen Stellungnahmen zu reagieren. Es wäre ein Zustand größter Perversion – mein Leben ist sinnlos *und ich bemerke es nicht einmal* – und zugleich eine Bewusstseinsverfassung, die herbeizuführen im größten Interesse der Fabrikbesitzer läge, da fügsame Belegschaften erwartet werden könnten.

Trotzdem kann einen der Verdacht beschleichen, das ganze Projekt einer Überwindung von Entfremdung sei von Anbeginn zum Scheitern verurteilt. Warum sollte ich beim Anblick des Maschinenparks einer Fabrik auf die Idee kommen, dies alles »müsste« mir gehören, mitsamt den Gegenständen, die ich durch den Einsatz der Maschinen produzieren kann? Das Modell des Hegel'schen Steinewerfers führt in die Irre. Schon die Behauptung, das Ganze seines »Produkts«, das Ergebnis des Steinwurfs, falle unter die Kontrolle des Jungen, ist falsch, verweisen die erzeugten Wirkungen doch zumindest teilweise auf physikalische Phänomene. Wäre seine Absicht gewesen, rechteckige Wellen auf der Wasseroberfläche zu erzeugen, hätte ihn das Glück gleich verlassen. Natürlich ist er tätig und bis zu einem gewissen Punkt ist das, was er tut, auch unter seiner Kontrolle, doch wird das Resultat seines Tuns gewiss nicht vollständig von ihm kontrolliert. Es gibt die hartnäckige Gegenständlichkeit der Natur, die wir niemals werden überwinden oder beseitigen können. Ihr Widerstand wird uns stets daran hindern, uns mit den Ergebnissen irgendeiner unserer

Taten vollständig zu identifizieren. Zu bedenken ist außerdem, dass der Junge ein Individuum ist, das einen natürlichen Gegenstand, den Stein, in ein anderes Naturding, den See, wirft. Hegel hat sein Beispiel so zugeschnitten, als sei ein denkbarer sozialer Kontext bedeutungslos. Doch stellen sich Arbeitsvorgänge, zumal komplexe Produktionsabläufe in der modernen Welt, anders dar. Die mich in einer Fabrik umstellenden Maschinen sind keine auf dem Boden liegenden Steine, die darauf warten, aufgelesen zu werden. Diese Apparaturen wurden von Leuten in der Absicht geschaffen, ihren Zwecken zu dienen. Wie also komme ich zu der Annahme, ich könne sie mir zum eigenen Gebrauch aneignen und im Interesse an meiner Selbstbejahung erfolgreich verwenden? Wahrscheinlich beruhen ihre Baupläne doch auf völlig anderen Zielvorgaben. Warum sollten Maschinen, die frühere Generationen von Arbeitern bereitstellen, die sich diese Werkzeuge kollektiv geschaffen haben, um Stahl zu produzieren und weiterzuverarbeiten, ausgerechnet meiner Selbstverwirklichung dienen?

Was die zweite dieser Fragen anlangt, so ist selbstverständlich richtig, dass Hegel in Gestalt eines angedeuteten Märchens die Abstraktion einer einzelnen Handlung präsentiert, für die der soziale Kontext keine direkte Relevanz besitzt. Doch ist Arbeit, zumal die Arbeit in der Moderne, keine kontextfreie individuelle Tätigkeit, sondern ein von sich aus sozialer oder kollektiver Prozess. Werktätige arbeiten in einer Fabrik *als Teil einer Gruppe oder Gemeinschaft*. Insofern stellt sich die Frage gar nicht, wie sich ein einzelner Arbeiter *außerhalb* der kollektiven Tätigkeit eines arbeitenden »Wir« in rein individueller Form selbstverwirklichen könnte. Es ist zunächst ein »Wir, die Arbeiter in dieser Fabrik«, das tätig ist, und dann das »Wir, die Arbeiter der Welt«, das als derjenige Akteur anzusehen ist, der durch die Geschichte hindurch seinen Abdruck in der Welt hinterlässt, also auch Maschinen des unterschiedlichsten Typs im Laufe eben dieser Geschichte erfindet und zum Einsatz bringt. Die Kontrolle über den Produktionsprozess in seiner Gesamtheit könnte ein Individuum überhaupt *nur* als (angemessen integriertes) Mitglied der Gemeinschaft oder Gruppe von Arbeitern in ihrer Gesamtheit gewinnen. Damit löst sich zwar ein Teil unserer Problemstellung auf, jedoch um den Preis, ein anderes Problem aufzuwerfen: Nun geht es darum, die genaue Bedeutung von »Wir« und diejenige von »angemessen integriert« zu ermitteln. Wie müssten unsere Sozialbeziehungen in der Arbeitswelt beschaffen sein, damit sich ein »Wir« formieren kann, das insofern angemessen integriert wäre, als es jedem von uns die Möglichkeit böte, sich mit dem Ganzen einer kollektiven Tätigkeit und dem Ganzen des aus ihr resultierenden Produkts zu identifizieren?

Was unser weiteres Nachdenken über Arbeit und Entfremdung rahmt und ausrichtet, ist mithin die Gestalt eines »Wir«, einer ihrer Verfassung nach offenen Gruppe oder Gemeinschaft (zusammengesetzt aus Einzelnen, die »ich« sagen können), die in der Produktion kollektiv tätig ist. Allerdings wird damit der irreduziblen Widerständigkeit noch nicht Rechnung getragen, mit der sich die Natur den menschlichen Willensakten (seien sie nun individuell oder kollektiv) entgegensetzt. Auch wenn wir als ein einheitliches kollektives Arbeitssubjekt organisiert wären, bestünde keine Gewissheit darüber, dass sich die Natur unseren Anstrengungen fügt. Sogar eine angemessen als »Wir« organisierte menschliche Gattung könnte nicht sicher sein, dass sich die Wellen eines von diesem Akteur in den Teich geworfenen Steins rechteckig ausbreiten. Und selbst wenn es gelänge, undurchsichtige »soziale Notwendigkeiten« – etwa die Notwendigkeit eines Unternehmensprofits von über X % – in unserer Organisation von kollektiver Arbeit auszuschalten, würden Notwendigkeiten der Natur fortbestehen, denen wir uns zu stellen hätten. Würden wir so tun, als existierten sie nicht, fehlte unserem Handeln der gebotene Wirklichkeitssinn.

Soll das Unterfangen, Entfremdung zu beseitigen, vernünftig sein, müsste man dazu in der Lage sein, drei gestufte Notwendigkeiten möglichst präzise voneinander zu unterscheiden:

(a) »Soziale Notwendigkeiten«, die insofern bloße Pseudo-Notwendigkeiten sind, als sie im Prinzip durch geschichtlich variierende Formen der Organisation von Arbeit vorgegeben werden, also beispielsweise – um Marx zu folgen – durch die in unserer Gesellschaft geltende »Notwendigkeit«, Arbeit so zu organisieren, dass investiertes Kapital einen (der Erwartung von Kapitalbesitzern entsprechenden) Profit abwirft.

(b) »Wirkliche Notwendigkeiten der sozialen Organisation von Arbeit«, also beispielweise, dass eine bestimmte Koordination von Handlungsabläufen gefordert ist, sollen zwei Arbeiter mit einer Zweimannsäge hantieren oder einen Balken von bestimmter Größe und bestimmtem Gewicht tragen.

(c) »Wirkliche Notwendigkeiten der Natur«, wie etwa die, dass Eisenerz auf eine bestimmte Temperatur zu erhitzen ist, um Eisen zu gewinnen.

Die Notwendigkeitsstufe (b) unterscheidet sich eindeutig von der Stufe (c), weil die Temperatur, bei der Eisenerz seinen Zustand verändert, in allen Gesellschaften unveränderlich ist, während eine Zweimannsäge eine spezielle, sozial bedingte Erfindung ist: Ein solches Werkzeug spiegelt einen bestimmten technologischen Entwicklungsstand wider, weshalb die Notwendigkeit, dass zwei Leute ihr Handeln abstimmen müssen, die Existenz dieses Entwicklungsstadiums zur Voraussetzung hat. Der Kapitalismus weidet für sich die Schwierigkeit aus, eine exakte Antwort für die Frage zu finden, welche Eigenarten des Arbeitsprozesses zu (a) und welche zu (b) gehören. Will man sich nicht einem vorbehaltlosen Idealismus verschreiben, bleibt jedoch weiterhin unklar, wie im Lichte des Schemas unterschiedlich gearteter Notwendigkeiten der verbleibende Widerstand, mit dem die Welt unserem Willen begegnet, überwunden werden kann. Weil gesellschaftlich notwendige Formen von Entfremdung abnehmen und Naturbeherrschung zunimmt, meinte Marx, die Natur werde uns ihrerseits zunehmend weniger »fremd« entgegentreten. Unglücklicherweise beinhaltet diese Marx'sche Sichtweise eine Art von Produktivismus, das heißt die Idealvorstellung einer fortschreitend instrumentellen Beherrschung der natürlichen Welt im Dienste der Produktion immer neuer Dinge. Marx konzipiert die Geschichte der Menschheit als kontinuierliche Entfaltung unserer Produktivkräfte, als eine sich ständig ausweitende Produktion und immer komplexere Manipulation der Natur. Die Zukunft wird uns immer mehr vom Selben bescheren, die menschlichen Produktivkräfte um ihrer selbst willen entfesseln, ohne sie »an gegebene Maßstäbe zu binden«.[36]

Nichtinstrumentelle Sorge

Auf diese Vision einer sich aller Beschränkung entziehenden menschlichen Arbeitsproduktivität reagieren einige Denker in einer Welt, die zunehmend dazu gezwungen ist, die ökologischen Konsequenzen ungezügelten Wachstums zur Kenntnis zu nehmen, indem sie einen anderen Kurs als denjenigen von Hegel und Marx ansteuern. Sie argumentieren für die Rückkehr zu einem pastoralen Vorbild für den humanen Umgang mit der Natur im Allgemeinen und für die Arbeit der Menschen im Besonderen. Ihr Plädoyer für ein pastorales Ethos lehnt sich eng an die Schriften Martin Heideggers an, der diesbezüg-

36 Karl Marx, *Grundrisse der Kritik der politischen Ökonomie*, Berlin 1974, S. 378.

liche Ansichten bereits in den 1940er Jahren entwickelt und gegen Ende seiner Laufbahn als Philosoph weiter ausgearbeitet hat. Heidegger meint, dass wir im Westen der Überzeugung aufsitzen, es sei die Berufung des Menschen, sich Vorstellungen zu verschaffen, die den vorgestellten Dingen in der Welt entsprechen. Ursprünglich treten solche Vorstellungen in der Gestalt von Bildern und Abbildern auf, nehmen schließlich aber die Form von Begriffen an, die ihrerseits Derivative von Bildern sind. Außerdem seien wir, so Heidegger, im Zuge einer ebenso langwierigen wie verwickelten historischen Schrittfolge auf die Idee von »Wahrheit« verfallen. Wir hätten uns damit der Forderung unterworfen, dass jene Vorstellungen und Begriffe, die wir uns von der Welt machen, »wahr« sein sollen. So werde »Wahrheit« zunehmend als etwas missverstanden, das instrumenteller Natur sei. Folglich verwandelten sich die Begriffe und Theorien, die wir über die Welt vermittels unserer Begriffsbildungen aufstellen, in Werkzeuge zur Umgestaltung menschlicher Umwelten. Diese manipulative Haltung sei bereits seit den frühen Griechen in der Kultur des Abendlandes angelegt und mache sich als Implikation allen begrifflichen Denkens zumal in den Naturwissenschaften bemerkbar. Dies ist die äußerst grobe und verdichtete Zusammenfassung einer ebenso langen wie ungemein komplizierten Geschichte, die Heidegger in der Vielzahl seiner verstreuten Arbeiten zur Geschichte der Philosophie im Einzelnen nacherzählt hat. Er vertritt die Auffassung, dass der Versuch, die Welt in nichtinstrumenteller Weise zu bedenken, unabdingbar sei, und empfiehlt eine Spielart des Pastoralismus als die Lebensform, die dieser neuen Denkungsart angemessen sei.

Tatsächlich durchziehen drei Stränge das Denken des späten Heidegger. Zunächst handelt es sich um den Pastoralismus als solchen: Die Menschheit steht Heidegger zufolge vor der Notwendigkeit, nicht zum Bildner des Seins (selbst wenn diese

Bilder nicht mehr visuell, sondern begrifflich sind), auch nicht zum Beherrscher der Natur, sondern zum *Hirten des Seins* zu werden.[37] Noch der Ackerbau ist nach Heidegger viel zu invasiv und »schrecklich« *(deinon)*: der Pflug vergewaltige Mutter Natur,[38] vermutlich, weil er sie zurichtet, anstatt sie in Wertschätzung zu hegen. Nachdem wir die Natur begrifflich erfasst, Aussagen über sie formuliert, sie bearbeitet oder aufgrund unserer Eingriffe sogar vergewaltigt haben, sollten wir versuchen zu lernen, wie die Natur zu umsorgen, zu kultivieren und zu pflegen ist.

Der zweite Strang besteht aus einer Interpretation, welche die Bedeutung von »Sorge« weiterentwickelt. Sorge sei *nicht* eine Art nichtinstrumenteller, wiewohl aktiver Pflege, sondern – wie Heidegger sagt – *Gelassenheit*, ein entspanntes Zurücktreten, das die Dinge ihrem eigenen Lauf überlässt.[39] Wahrscheinlich wäre selbst die gärtnerische Arbeit von Adam im Garten Eden vor dem Sündenfall oder Voltaires Ratschlag »il faut cultiver son jardin«[40] einem Eingriff noch viel zu verwandt, um zu veranschaulichen, was Heidegger im Sinn hat.

Schließlich denkt er drittens, erfolgreich könne die Haltung der *Gelassenheit* erst eingenommen und die grundsätzlich manipulative Einstellung gegenüber der Welt beseitigt werden, wenn man auch »der Geschichte der Metaphysik« entkommt und zu einer Denkweise findet, die un-begrifflich und folglich grundverschieden von gegenwärtigen Methoden ist, Wissenschaft zu treiben. Heidegger selbst wandte sich der Dichtung zu, insbesondere (wenn auch nicht ausschließlich) einer pro-

37 Martin Heidegger, *Platons Lehre von der Wahrheit mit einem Brief über den Humanismus*, Bern 1947, S. 53–119.

38 Ders., *Einführung in die Metaphysik*, Tübingen 1957, S. 112–126.

39 Ders., *Gelassenheit*, Stuttgart 1959.

40 »›Wohlgesprochen‹, erwiderte Candid, ›allein es gilt, unseren Garten zu bebauen‹«, zitiert nach Voltaire, *Candid oder Die Beste der Welten*, aus dem Französischen von Ernst Sander, Stuttgart 2020, S. 105.

phetischen Poesie, wie sie beispielsweise Hölderlin, Rilke und Trakl repräsentierten, um eine alternative, Begrifflichkeit vermeidende Denk- und Sprechweise ausfindig zu machen. Doch besitzt im Grunde niemand eine wirkliche Idee davon, wie eine angemessene Unbegrifflichkeit aussähe. Es gab in Mitteleuropa eine alte Denktradition, vielleicht am stärksten durch die Romantiker und einige von ihnen beeinflusste Philosophen vertreten, die zugunsten einer Wiederbelebung des Mythos (auf die ein oder andere Weise) bemüht war, das begriffliche Denken zu entthronen. Einige vollkommen respektable Anhänger unterstützten diese Denkrichtung im 19. Jahrhundert, doch wurde sie dadurch gründlich diskreditiert, dass sie sich dem europäischen Faschismus während der 1930er und 1940er Jahre andiente. Heidegger hat den »Mythos« nicht eigens als etwas gutgeheißen, woran ihm lag. Wahrscheinlich war das seiner Überzeugung geschuldet, dass den »Mythos« definiert, was man ihm entgegengesetzt (nämlich *logos*/Vernunft/Begriff). Er denkt, der Begriff lasse sich tatsächlich nur überwinden, wenn man zugleich auch das überwindet, was aus dem Gegensatz zu ihm seine Bestimmung findet. Solche Überlegungen mögen schön und gut sein, führen aber nicht aus der Sackgasse hinaus, wie denn weiter vorzugehen wäre.

Dass wir von Heideggers erstem Strang, dem Pastoralismus, ausgehen könnten (und sollten), wäre ein naheliegender Gedanke. Wir können den Stachanow-Arbeiter, der das Produktionssoll stets übererfüllt, durch die Sozialfigur des Hirten als eines Vorbilds ersetzen, an dem wir unsere Praxis ausrichten, Grundbedürfnisse zu befriedigen und unsere Existenz zu sichern. Es würde, so die Annahme, ausreichen, die rücksichtslose Ausplünderung der Natur durch eine andere Arbeits- und Lebensweise abzulösen, eine, die pastoraler und gärtnerischer, weniger brutal und gewalttätig, umsichtiger wäre, die sich um die Integrität der Natur und bestehende Erscheinungsformen natürlicher Harmonie sorgte. Allerdings müssten wir den Teil der gängigen Pastoralideologie verabschieden, der dazu anhält, ständig um die Vergrößerung der eigenen Herde bemüht zu sein. Aber warum sollte der Abschied von dieser Ambition unmöglich sein?

Freilich führt uns ein solcher Versuch unmittelbar auf die Kontroverse zwischen Sokrates und Thrasymachos zurück. Gilt die Sorge des Hirten dem Wohl der Schafe um ihrer selbst willen oder (letztlich) seinem eigenen? Es mag sinnvoll sein, in unseren Beziehungen zu anderen Menschen einer »Ethik der Sorge« zu folgen, weil wir unterstellen, dass auch sie Interessen, Vorlieben, Ansichten, Meinungen und Reaktionen wie die unsrigen haben. Wir können lernen, ihnen Rechnung zu tragen, versuchen, sie zu verstehen, ihnen entgegenzukommen. Und natürlich kann ich sogar versuchen, mich in Schafe hineinzuversetzen, um eine Vorstellung davon zu gewinnen, was sie sich wünschen, welche Meinung sie haben, welche Handlungsweise sie – wären sie frei – wählen würden. Selbstverständlich tun wir in unseren Interaktionen mit Tieren die ganze Zeit nichts anderes, wobei wir gelegentlich – was umso besser ist – unsere Vorstellungskraft ein bisschen strapazieren müssen. Doch sobald wir unseren Garten pflegen, betreten wir eine Welt, die sich nicht in diesen Begriffen erfassen lässt. Dass ein Schaf heute ein Desinfektionsbad nimmt, kann sowohl in seinem (von mir unterstellten) Interesse als auch in meinem liegen, aber welche Interessen verfolgen meine Rosen? Ist ein tropischer Regenwald »natürlicher« als eine Wüste? Ist ein Hektar Land, das eine gewisse Anzahl unterschiedlicher Pflanzen- und Tierarten beheimatet, natürlicher als ein Hektar, auf dem mehr als dreimal so viele Arten gedeihen? Unglücklicherweise basiert die Präferenz für Biodiversität – soweit ich sehe – auf einem menschlichen, faktisch höchst anthropozentrischem Werturteil, das entweder auf die vage Idee verweist, eine größere Biodiversität werde (eventuell) von Vorteil für uns (für Arzneipflanzen) sein, oder auf ästhetische Vorlieben unsererseits (wir mögen Wildwuchs lieber als Monokulturen oder verbrannte Erde). Die »Natur« als solche zieht es nicht vor, divers (oder uniform und homogen) zu sein. Vielleicht besteht das Problem darin, »Natur« überhaupt zu personifizieren? Doch wenn wir uns Personifikationen in diesem Bereich verböten, all die Bezugnahmen auf etwas, das »die Natur selbst will«, landen wir wieder in der völlig entpersönlichten Welt technologischer Manipulationen, die wir doch hinter uns lassen wollten. »Sorge um die Natur« bedeutet also Sorge um uns und die Spezies von Tieren, mit denen wir uns via Einbildungskraft in einem angemessen hohen Grad identifizieren können. Dass die Katze bevorzugen wird, keine Flöhe zu haben, dürfen wir annehmen, doch ist es nicht die Rose, vielmehr sind *wir* diejenigen, die eine Rose schöner als eine Mehltauspore finden.[41]

41 Menschen neigen dazu, Dinge, von denen wir wissen, dass sie unbelebte Objekte sind, so zu behandeln, als verfolgten sie eigene Interessen. Unter Ethnologen und Ethnologinnen war es üblich, von »Animismus« zu sprechen, wenn sie beobachteten, wie Mitglieder vorindustrieller Gesellschaften besonders numinosen Orten, Steinformationen, Flüssen, Winden oder Fetischen (etwa Holz- oder Federbündeln) »Seelen« zusprachen. Auch Leute in unserer Gesellschaft reden über Maschinen häufig so, als besäßen sie ein Innenleben und verfolgten eigene Interessen, wenn sie lange in der Abhängigkeit von einer Maschine gearbeitet haben, die sich zur Personifikation anbietet, zumal dann, wenn es sich um eine große Maschine handelt, die sich frei wie ein Tier zu bewegen scheint, etwa eine Lokomotive, einen Lastwagen oder ein Flugzeug. Ein Lokomotivführer sagt dann beispielsweise: »Lass sie doch in Ruhe, sie will jetzt anhalten!« Eine mir bekannte Sekretärin pflegte über ihre elektrische Schreibmaschine zu sagen: »Montagmorgen, nach einem langen Wochenende, ist sie immer erschöpft.« Die Voraussetzungen, unter denen wir unsere psychischen Zustände auf Gegenstände projizieren, verdienen eine eingehendere Behandlung (nicht zuletzt ihrer politischen Dimension), als sie dieses Buch bieten kann.

Dass wir unsere eigenen Interessen und Vorlieben nicht kurzfristig, sondern unter einer langfristigen und weit gesteckten Perspektive betrachten sollten, wäre das Mindeste, was jetzt festzuhalten ist. *Für uns* ist es (auf lange Sicht) besser, die Umwelt nicht zu vergiften und eine möglichst große Biodiversität aufrechtzuerhalten. Dies ist gewiss ein sehr guter Rat, der jedoch keine Revolution der Metaphysik verlangt, sondern eine ganze Reihe politischer, ökonomischer, juristischer und gesellschaftlicher Veränderungen unserer gegenwärtigen Lebensweise.

Die Zukunft der Arbeit

Die Zukunft der Arbeit vorherzusagen, ist beides, absolut unmöglich und völlig unvermeidlich. Wie könnten wir unserem Handeln *nicht* erlauben, sich an gewissen (im besten Fall vagen) Zukunftsvorstellungen zu orientieren, selbst wenn klar ist, dass die Zukunft stets anders ausfällt als wir uns vorgestellt haben? Wenn wir dennoch und faktisch immer eine zumindest schwammige Idee davon haben, was die Zukunft bereithält, bleibt uns gar nichts anderes übrig als der Versuch, unsere Konzeptionen etwaiger Zukünfte möglichst sorgfältig auszugestalten. Wie historische Erfahrung lehrt, bestünde die Alternative darin, uns Ahnungslosigkeit zu gestatten, was im Grunde heißt, dass wir uns von vollkommen unreflektierten Vorurteilen, wenn nicht gar von willentlichen Selbsttäuschungen leiten lassen.

Was dieser Abschnitt präsentiert, sollte folglich nicht als Prognose, nicht als ein Blick in die Kristallkugel missverstanden werden. Eher handelt es sich um den Versuch, uns für einige Facetten dessen zu sensibilisieren, was sich bereits jetzt schon als möglicherweise problematisch erweist und folglich unsere Aufmerksamkeit verdient. Damit ist beileibe nicht gesagt, dass uns *nichtsdestotrotz* Ereignisse überraschen können, die unvorhersehbar waren.

Wie also steht es um Entwicklungstrends in der Arbeitswelt, die sich gegenwärtig, also in den 2020er Jahren, abzeichnen? Das erste Phänomen ist kein Trend, sondern ein struktureller Wandel der sozialen Umwelten, in denen Arbeit stattfindet, jedenfalls was die meisten Gesellschaften des Westens angeht. Die fortgeschrittensten Gesellschaften dieses Typs sind dazu übergegangen, sich um die wohlfahrtsstaatliche Versorgung derer zu kümmern, die ihren Lebensunterhalt durch Arbeit bestreiten müssen. Die Existenz von Berufsunfähigkeitsversicherungen, Arbeitslosengeld und einer staatlichen Altersversorgung sowie einer (zumindest in vielen Ländern) allgemeinen Gesundheitsfürsorge (wie sie etwa in Großbritannien der National Health Service bereitstellt) hat den Rahmen, innerhalb dessen Arbeitnehmerinnen und Arbeitnehmer beschäftigt sind, signifikant verändert, nicht zuletzt dadurch, dass die Vorstellung der »Notwendigkeit« von Arbeit modifiziert wurde. In der Regel droht Arbeitsunfähigen, Gebrechlichen, Betagten oder Arbeitslosen kein rascher Hungertod mehr. Zwar gibt es noch Ideologien, die diese Entwicklung beklagen, doch wird sie von der Mehrheit der Menschen als ein Zeichen sozialen Fortschritts wahrgenommen. Dieser Fortschritt hat der Dringlichkeit, die prägend für alles gewesen ist, was sich in der traditionellen Industriearbeiterschaft um den Arbeitsplatz drehte, ihre Schärfe genommen. Dass sich daraus Folgen für die Rolle ergeben, die Arbeit in unserem Leben spielt, dürfte unbestreitbar sein.

Automatisierung und Prekarität

Was in der zeitgenössischen Arbeitswelt als Erstes auffällt, ist die Tatsache, dass sich der Trend in Richtung Automatisierung historisch fortgesetzt und beschleunigt hat. Mussten die Menschen früherer Zeiten alle Lasten selbst heben und transportieren, so werden solche Arbeiten mittlerweile von selbstfahrenden und sich entladenden Maschinen erledigt. Abertausende Dockarbeiter und Schauerleute wurden durch Hunderte Kranführer und Gabelstaplerfahrer ersetzt. Eine offensichtliche Folge dieser Entwicklung war und ist massenhafte Arbeitslosigkeit. Die Annahme, jeder in den Häfen beseitigte Arbeitsplatz schaffe Stellen für Kranführer oder Logistik-Ingenieure, ist haltlos. Darüber ist sich jeder Firmeninhaber im Klaren: Warum sollte man fortgesetzte Automatisierung betreiben, die Tausende von Arbeitsplätzen im Niedriglohnsektor beseitigt, wenn besser bezahlte Techniker und Bedienungspersonal, das höhere Löhne erwartet, in gleicher Zahl wieder eingestellt werden müssten? Dieses Bild verändert sich keineswegs, wird Beschäftigung nicht bloß unter der Perspektive eines einzelnen Unternehmens, sondern global in den Blick genommen: Automatisierung schafft einige wenige, hohe Qualifizierung erfordernde Arbeitsplätze, die jedoch nur einen Bruchteil der Stellen ausmachen, die sie gleichzeitig beseitigt. Im Ergebnis führt der anhaltende Automatisierungsprozess zu einer Dreiteilung der vormaligen Arbeitskräfte. Der größte Teil setzt sich schlicht aus denjenigen zusammen, die entweder schon arbeitslos geworden sind oder in Zukunft keine Beschäftigung mehr finden werden – man denke nur an die 1,5 Millionen LKW-, Bus-, Gabelstapler- und Taxifahrer, die in Großbritannien überflüssig sein werden, sobald es, was schon bald der Fall sein könnte, einen vollautomatisierten Kraftverkehr gibt. Zweitens wird es einen geringen Anteil an Arbeitskräften für jene Tätigkeiten geben, die sich aus technischen oder ökonomischen Gründen nicht durch Automatisierung wegrationalisieren lassen, wie etwa ein paar Tausend Leute, welche die Funktionstüchtigkeit selbstfahrender Autos sicherstellen. Wachsender und unerträglicher Stress wird die Arbeitsbedingungen kennzeichnen, denen sie unterworfen sind. Schließlich wird es drittens eine winzige Zahl neuer Jobs geben, vielleicht einige Hundert, die geschaffen oder aus bestehenden Arbeitsplätzen hervorgehen werden, die man ausbaut und aufwertet. Dort werden die Leute Arbeit finden, die beispielsweise den Verkehr programmieren.

Gewöhnlich stellt man sich unter Automatisierung eine bloße Ausweitung herkömmlicher Mechanisierung vor, das heißt die Ersetzung menschlicher Muskelkraft durch Leistungen automatisierter Systeme. Doch besteht eine gewichtige Facette von Automatisierung darin, sozialwissenschaftliche Forschung, Untersuchungen zur Optimierung von Arbeitsabläufen und die in Deutschland sogenannten REFA-Studien nutzbar zu machen, um den verbliebenen Beschäftigten, der oben definierten zweiten Gruppe, durchgreifende Arbeitsdisziplinierungen aufzunötigen. Inzwischen ist es möglich, den minimal erforderlichen Zeitaufwand wissenschaftlich exakt zu ermitteln, den die Abarbeitung derjenigen Aufgaben verlangt, die den Beschäftigten noch bleiben. Zudem gestatten die zur Verfügung stehenden Überwachungstechnologien, noch das kleinste Detail von Arbeitsvorgängen in der Absicht zu kontrollieren, die Arbeitsproduktivität bis an die Grenzen dessen zu steigern, was menschenmöglich ist. Die Arbeiterin büßt sowohl die Kontrolle über ihr Arbeitszeitkonto als auch über die Zuteilung der Aufgaben ein, die zu bewältigen sind. Die Intensität ihres Arbeitseinsatzes, die Perioden und den Rhythmus dessen, was sie tut, bestimmt sie nicht mehr selbst.

Dieser graduelle Kontrollverlust lässt sich dadurch nachzeichnen, dass man sich eine prinzipielle Sequenz dreier Schritte vor Augen führt. Beginnen wir mit der Beschreibung, die George Orwell in seinem Buch *Down and Out in Paris and London* liefert. Während der 1930er Jahre war er in einem großen Pariser Hotel als *plongeur* (Tellerwäscher) beschäftigt. Das

Küchenpersonal besaß nicht die geringste Kontrolle über den anfallenden Arbeitsaufwand, hatte in der Regel stets mehr zu tun, als zu bewältigen war. Da der *patron* (verständlicherweise) darauf bestand, dass jeder Gast innerhalb eines vertretbaren Zeitraums bedient werden müsse, hing die Arbeitslast davon ab, wie viele Besucher zu welchem Zeitpunkt das Restaurant betraten. In der Tat gab es zwei Spitzenarbeitszeiten, mittags und abends. Am Nachmittag, im Anschluss an das Mittag- und vor dem Abendessen, kam es zu einer gewissen Absenkung der Arbeitsintensität. Aufgrund dieser Unterbrechung des routinierten Arbeitsablauf konnte das Küchenpersonal ein wenig ausspannen. Für die *plongeurs* war die Bewältigung des extremen Arbeitsdrucks, unter dem sie standen, ihre Fähigkeit, dem Stress standzuhalten, eine Frage des Stolzes: Sie galten als *durs* (»hart im Nehmen«), waren *débrouillards* (»Macher«, »Leute, die sich durchwursteln«), wurden als knallharte Burschen angesehen, die klarkamen mit dem, was ihnen aufgehalst wurde. Selbstverständlich hätte die Geschäftsführung jeden *plongeur* nach Belieben feuern können, zumal wenn er in der Küche nicht mithielt. Doch solange die Arbeit erledigt wurde, war dem *patron* egal, *wie* die Tellerwäscher ihr Pensum bewältigten. Im Vergleich zu den Gepflogenheiten in der Arbeitswelt, die später um sich greifen sollten, handelte es sich um ein zwar brutales, jedoch auf seine Weise humanes System.

Den zweiten Schritt können wir uns am Fall einer Hausangestellten verdeutlichen, die heutzutage in einem großen Hotel arbeitet. Das Management hat präzise Vorstellungen davon, wie jedes Zimmer hergerichtet werden muss – wie die Betten zu machen, wie viel Handtücher aufzuhängen und die Dinge auf den Tischen zu arrangieren sind. Fachleute waren tätig, um wissenschaftlich zu ermitteln, wie viele Zimmer eine Beschäftigte nach vorgegebenem Standard, also etwa in einer Stunde, aufräumen kann. Scheitert die Hausangestellte daran, die vorgeschriebene Zahl an Zimmern gemäß den definierten Vorgaben in Ordnung zu bringen, wird ihr gekündigt. Über ihren Arbeitsaufwand wird in einer Weise bestimmt, auf die die Mitarbeiterin nicht den geringsten Einfluss hat. Mit der Zahl der Hotelgäste hat er jedenfalls nichts zu tun. Es gibt keine intensiven und weniger intensiven Arbeitsphasen, auch das Arbeitstempo entzieht sich vollständig der Kontrolle durch die Beschäftigten. Festgelegt ist etwa, dass sechs Zimmer pro Stunde in Ordnung zu bringen sind.

Beim letzten, dritten Schritt handelt es sich um eine Form von Arbeit, die gerade im Entstehen begriffen ist, sich aber zügig durchsetzen wird. Amazon hat im Jahr 2018 Patente auf zwei technische Erfindungen angemeldet, die sich auf einem Armband anbringen lassen. Sie erfassen jede Bewegung der Hand, die ein solches Armband trägt.[42] Das außerordentlich feinkörnig operierende Tracking-Gerät erfasst buchstäbliche jede Geste jedes Arbeiters, gestattet mithin einen Typ von Überwachung, der selbst die wildesten Träume des *patron* von Orwells Pariser Hotels übersteigt. Noch die kleinste Bewegung ist erkennbar, was gestattet, jede Facette von Arbeitsabläufen im Interesse höherer Profitabilität gezielt zu optimieren. Überwachung bedeutet nun, dass der einzelne Arbeiter nicht nur die Kontrolle über den Arbeitsaufwand und dessen generelle Verteilung auf unterschiedliche Arbeitsphasen einbüßt, sondern auch noch über individuelle Handbewegungen. Soweit bekannt, sind diese Armbänder (noch) nicht in der Lage, Stromstöße auszuteilen. Dass Beschäftigte, die unter solchen Bedingungen arbeiten müssen, so etwas wie den etwas merkwürdigen Produzentenstolz der Pariser Tellerwäscher entwickeln werden, ist unwahrscheinlich.

42 Siehe Ceylan Yeginsu, »If Workers Slack Off, the Wristband Will Know It. (And Amazon Has a Patent for it.)«, in: *The New York Times*, 1. Februar 2018.

Während der wissenschaftlich kalkulierte Druck zunimmt, der auf der Arbeit der Hausangestellten lastet, wird ihre Entlohnung keineswegs verbessert, obwohl die Steigerung ihrer Arbeitsproduktivität dem Hotel Kostensenkungen durch den Abbau von Personal erlaubt. Wenn zehn Angestellte dazu gebracht werden können, die Arbeit zu erledigen, für die zuvor zwölf nötig waren, werden zwei entlassen und deren Arbeit auf die zehn verteilt, die weiterbeschäftigt werden. Also führen beide Arten von Automatisierung – die direkte Einführung neuer Maschinen und die Optimierung von Arbeitsroutinen, die aus der Anwendung von Erkenntnissen der Verhaltenswissenschaften resultiert – im Effekt dazu, dass Unternehmen Arbeitsplätze beseitigen.

Auch die Prekarisierung zeitgenössischer Arbeitsverhältnisse wurde weithin zur Kenntnis genommen. Selbst wenn der Wohlfahrtsstaat Arbeitslosen eine gewisse Unterstützung gewährt, ist es in zurückliegenden Jahren viel leichter geworden, seinen Arbeitsplatz zu verlieren. Allerdings waren Arbeitsverhältnisse in gewisser Hinsicht immer schon prekär. Der anatolische Landwirt im sechsten vorchristlichen Jahrhundert konnte sich nie sicher sein, auf denselben Feldern auch noch in zwei Jahren zu ernten, einfach weil er nicht sicher sein konnte, dann noch zu leben. Tote Männer haben schließlich keine Arbeit. Auch für die Industriearbeit des 19. Jahrhunderts ist kaum vorstellbar, dass sie für die Werktätigen anderes denn prekär war. Gewöhnlich waren diese Arbeiter sowohl praktisch willkürlichen Kündigungen durch irgendwelche Arbeitgeber ausgeliefert als auch den systemischen Bedrohungen, die das Auf und Ab von »Konjunkturzyklen« mit sich brachte. Wahrscheinlich ist zutreffend, dass die üblicherweise als Normalarbeitsverhältnis angesehene stabile Beschäftigung der Mittelklasse inzwischen genauso prekär ist, wie es die Industriearbeit war. Anstatt (zumindest potenziell) langfristige Beschäftigung in

Aussicht gestellt zu bekommen, gehen zunehmend auch Angestellte ihrer Arbeit auf befristeten respektive Teilzeitstellen nach oder sind sonst wie irregulär beschäftigt.

Dieser Trend ist sogar in Gesellschaftssektoren wie der Universität sichtbar, wo sich das Personal auf Dauerstellen in eine kleine Elite verwandelt findet, die angehalten ist, ständig Drittmittel einzuwerben und spezielle Forschungsprojekte mit Leuchtturmfunktion aufzusetzen, während große Teile der Lehre in die Hände von schlecht bezahlten Teilzeitkräften gelegt wird, die überarbeitet und ohne Aussicht auf etwaige Festanstellungen sind. Das Ganze ist die Facette einer generellen Entwicklung, die Marx kommen sah, als er die Proletarisierung von Beschäftigungsverhältnissen innerhalb der Mittelklasse vorhersagte. Offenkundig waren Beschäftigungsstabilität und Arbeitsplatzsicherheit immer schon unvereinbar mit einem der viel beschworenen und – zumindest von einigen Ökonomen – auch viel gepriesenen Grundzügen unseres Wirtschaftssystems, dass es nämlich auf anhaltender, kreativer Zerstörung basiert. Allerdings hatten die Lobredner schöpferischer Zerstörung angenommen, aus der Vernichtung alter werde eine gleiche Anzahl gut bezahlter und besser gestellter neuer Arbeitsplätze hervorgehen. Eben diese Annahme scheint sich als Irrtum herauszustellen.

Angemerkt sei noch, dass »Flexibilität« und »Prekarität« zwei verschiedene Dinge sind und sich außerdem von dem unterscheiden, was ich unter dem Stichwort »Abwechslungsreichtum« in einem früheren Abschnitt als ein wesentliches Bedürfnis menschlichen Tuns behandelt habe. Die »Prekarisierung« von Arbeit mit der »Flexibilisierung des Arbeitsmarkts« gleichzusetzen, ist ein geradezu klassischer Fall von ideologischer Verschleierung. Ein moralisch neutraler oder leicht positiver Ausdruck wie »flexibel« wird verwendet, um etwas zu verdecken, das sich keineswegs von selbst empfiehlt, nämlich einen drastischen Mangel an Arbeitsplatzsicherheit. Zu sagen, mir wäre daran gelegen, mich an meinem Arbeitsplatz frei zwischen abwechselnden Tätigen bewegen zu können, heißt selbstverständlich nicht, ich sei glücklich darüber, dass es keine Garantie für den Arbeitsplatz gibt, den ich in gewissem Sinne »brauche«.

Outsourcing und Amazonifizierung

Eine weitere Entwicklung in der Arbeitswelt ist die zunehmende Auslagerung von Arbeitsplätzen, also ein Anstieg des sog. Outsourcing. Zunächst betrifft das Outsourcing bestimmte Veränderungen in der Organisationsstruktur von Firmen. Einige der Arbeiten, die gewöhnlich im Unternehmen erledigt wurden, werden abgestoßen und anderen, eigenständigen Firmen zur Abwicklung überlassen. Ein Verlag, der vormals eigenes Personal beschäftigte, um Manuskripte zu prüfen, zu redigieren, Korrektur zu lesen, mit einem Index zu versehen, sie zu drucken und schließlich an den Buchhandel zu vertreiben, greift jetzt nicht mehr auf eigene Lektoren oder Drucker zurück. Um die Manuskripte kümmert sich nun eine andere Firma, die sich auf Editionstätigkeiten spezialisiert hat, und den Druck übernimmt eine unabhängige, keine verlagseigene Druckerei. Also steigen unweigerlich die Transaktionskosten und der Aufwand, der getrieben werden muss, um die verschiedenen Arbeiten zu koordinieren. Konnte man vormals beispielsweise auf Vertragsabschlüsse zwischen Verlagshaus und Druckerei verzichten, müssen sie jetzt vereinbart werden. Also fällt mehr Arbeit an, allerdings für Juristen. Die Erfahrung lehrt zudem, dass die Qualitätskontrolle leidet, wird zu viel des traditionellen Geschäftsfeldes einer Firma ausgelagert.

In gewisser Hinsicht liefert das Outsourcing nur das jüngste Exempel für eine Tendenz, die in unserem Wirtschaftssystem weit verbreitet ist. Man wird sogar sagen können, dass diese Tendenz einen tragenden Pfeiler des freien Unternehmertums darstellt, dessen Logik doch darin besteht, Kosten so weit es geht in der Absicht zu externalisieren, sich die dadurch gegebenfalls gesteigerten Renditen anzueignen. Soll der Staat doch die Straße, die zu der im Fluss errichteten Fabrik führt, bauen und in Schuss halten, soll er doch die durch die Fabrik belastete Versorgung mit sauberem Wasser übernehmen und sicherstellen, während die Fabrikbesitzer den Profit einstreichen, den ihr dort ansässiges Unternehmen abwirft.

Die Amazonifizierung des Handels treibt den ganzen Prozess noch einen Schritt weiter, weil sie zu einer radikalen Delokalisierung von Kauf und Verkauf führt. Unternehmen, die sich dem Kauf und Verkauf von Waren auf Bestellung widmen, wissen für sich die Vorteile einer Monopolisierung großen Stils zu nutzen, die sich einerseits durch elektronische Medien, insbesondere das Internet, andererseits durch niedrige Transportkosten ergeben. Dabei stützen sich diese Medien völlig auf technische Infrastrukturen, die über Jahrzehnte auf Kosten der Steuerzahler von staatlichen Akteuren ausgebaut wurden (von der Britischen Armee während des Zweiten Weltkriegs, vom US-amerikanischen Militär während des Kalten Kriegs und vom CERN, dem aus EU-Geldern geförderten Forschungszentrum). Ohne die massiven und langfristigen Regierungssubventionen wäre das Internet ein Ding der Unmöglichkeit geblieben, zu seiner Entwicklung wäre es ohne solche Ressourcen nie gekommen. Außerdem verlangt ein profitabler Internet-Handel, dass Transportkosten niedrig gehalten werden können, was nur möglich ist, weil verschiedene Staaten sowohl Infrastrukturen wie öffentliche Straßen, Bahngleise, Hafenanlagen, Flughäfen gebaut und gepflegt als auch begleitende politische Maßnahmen ergriffen haben – beispielsweise die Steuerbefreiung von Flugbenzin. Gewöhnlich haben diese Handelsunternehmen kein gesteigertes Interesse daran, ihre weitgehende Angewiesenheit auf öffentliche Gelder zu betonen. Deren Selbstdarstellung neigt eher dazu, eine Herkunft aus zunächst unausgereiften Basteleien zu simulieren, die Jugendliche einst in der elterlichen Garage angestellt haben. Sie hätten sich allein auf ihr eigenes Genie verlassen, um schließlich wie aus dem Nichts zu erfinden, was am Ende die ganze Welt verändert hat. Niedrige Transportkosten bieten diesen Unternehmen einen dreifachen Vorteil. Erstens gestatten sie, Kunden in aller Welt zu preisgünstigen Konditionen zu beliefern; zweitens erlauben sie einer Firma, ihre Auslieferungszentren in wirtschaftlich zurückgebliebenen Regionen anzusiedeln, also dort, wo neben den Grundstückspreisen auch die Löhne niedrig ausfallen; drittens halten sie die Belegschaften (und die örtlichen Verwaltungen) in Schach, weil das Unternehmen ohne größeren Aufwand Standortwechsel vornehmen kann, sollte es mit seinem Personal oder der örtlichen Besteuerungspraxis unzufrieden sein. Ansonsten können die Unternehmen ihrerseits rasch eine solche Größenordnung erreichen, intern so verschachtelt und mit anderen Unternehmen verbandelt sein, dass sich ihre Geschäftstätigkeiten von außen gar nicht mehr durchschauen, geschweige denn überwachen lassen. Ressourcen, die lokale Gemeinschaften bereitstellen, werden restlos abgezapft, erheblicher Schaden für örtliche Geschäftswelten angerichtet, und ist der Wettbewerb vor Ort einmal stillgelegt, können die Unternehmen mit einem Anflug von Berechtigung auch noch für sich in Anspruch nehmen, in der Tat unersetzlich geworden zu sein. Da sie auf geringe Transportkosten angewiesen sind, die ihrerseits entweder Schleuderpreise für fossile Kraftstoffe oder deren Niedrigbesteuerung respektive Steuerbefreiung zur Voraussetzung haben, sind die Schäden, die Unternehmen wie Amazon anrichten, natürlich auch unter ökologischem Gesichtspunkt verheerend.

Ideologie

Dass in vielen Bereichen solche Begriffe, die von »Arbeit« (oder »Industrie«) abgeleitet waren, zunehmend durch Ausdrücke ersetzt werden, die auf das »Geschäftsleben« verweisen, ist eine auffällige Erscheinung in der ideologischen Landschaft der Gegenwart. Arbeit war über lange Zeit schlechthin modellgebend für jede ernsthafte Tätigkeit und wurde als solche außerordentlich positiv bewertet. Man war bestrebt, alles in die Gussform speziell der Industriearbeit einzupassen. Selbst Tätigkeiten wie studieren, lehren und forschen wurden als »akademische Arbeit« angesehen (zum nicht geringen Amüsement meiner Kollegen im Stahlwerk: »Der findet ›lesen‹ ist Arbeit.«) Eine Spur davon findet sich noch bei Leuten aus dem Theater, der Film- und Fernsehproduktion, die sich als Mitarbeiter der »Kreativindustrie« vorstellen. Im Gegensatz dazu sind gegenwärtig etwas krampfhafte Versuche zu beobachten, menschliche Aktivitäten, die sich besonderer Wertschätzung erfreuen, mit irgendeiner Form von »Geschäftstätigkeit« in Verbindung zu bringen.

Solche ideologischen Manöver muss man nicht überbewerten. Schließlich war auch US Steel sowohl ein Industrie- als auch ein Finanzunternehmen, was nicht nur eingeräumt, sondern sogar bejubelt wurde. Wurde betont, es handle sich in erster Linie um einen Industriebetrieb, folgte im gleichen Atemzug ein Lippenbekenntnis, das die Eigenschaft der eigenen Produkte honorierte, dank Arbeit hergestellt zu sein. Natürlich würde auch kein Finanzmensch ausdrücklich sagen »Übrigens ist das, womit wir Handel treiben, einfach Mist«, gleichwohl ist diese generelle Akzentverschiebung zuungunsten von Arbeit keineswegs bedeutungslos. Ein Kollege von mir, der an einer renommierten Wirtschaftshochschule lehrt, erzählte, dass die Erstsemester auf seine Frage, »Worum geht es in der Wirtschaft?«, in aller Regel antworten: »Ums Geldverdienen.« Und diese Reaktion unterscheidet sich deutlich von den Äußerungen, die bei Fairless Work zu hören waren, wo sich alles – zumindest offiziell – doch darum drehte, »Stahl zu produzieren«.

Zu dem, was wir uns unter Lohnarbeit vorstellen, gehört die Annahme, dass Leute entlohnt werden, weil sie eine strapaziöse Tätigkeit, die sozial notwendig oder zumindest nützlich ist, ausführen. Einen moralischen Anstrich gewinnt diese Überzeugung häufig dadurch, dass sie den Filter eines Vokabulars durchläuft, in dem von »Verdiensten« die Rede ist. Strengt sich eine Person an, etwas gesellschaftlich Notwendiges zu tun, verdient sie ihren Lohn. Und wenn sich die Überzeugung, wonach eine enge, speziell normative Verbindung zwischen Lohn und gesellschaftlich nützlicher Arbeit besteht, einmal allgemein durchgesetzt, kann der Schwanz auch mit dem Hund wedeln.

Eine erste Variante dieser Verkehrung besteht dann darin, entweder die moralische oder die körperliche Anstrengung zu betonen, die eine arbeitende Person aufzubringen hat,[43] als begründe diese Mühe allein schon einen Anspruch darauf, entlohnt zu werden. Sofort drängen sich verschiedene Beispiele auf, die dafürsprechen, dass dieser Ansatz nicht richtig sein kann. Zweifelsohne werden einige Sklavenhändler, Folterknechte, Betrüger und Hedge-Fonds-Manager hart arbeiten, doch folgt daraus, dass ihnen eine Vergütung zusteht? Schneidet sich ein Pianist vor seiner Darbietung der *Hammerklavier*-Sonate einen Finger ab, erhöht sich damit sein Verdienst, weil er die Ausführung seiner Aufgabe derart verkompliziert hat?

Man könnte jetzt auf den Gedanken kommen, dass dieses ganze Unterfangen einer Anthropologie oder Psychologie der

43 Siehe hierzu den Abschnitt über »Körperliche und moralische Anstrengung« im 1. Kapitel, S. 23 f.

Arbeit, das heißt der Versuch herauszubekommen, ob Menschen von Haus aus eher faul oder tüchtig sind und unter welchen Umständen sie dazu motiviert sind, harte Arbeit auf sich zu nehmen, Gefahr läuft, in eine Falle zu tappen. Anstatt eventuell zur Aufklärung der Menschen beizutragen, scheint es in Wirklichkeit nur eine Illusion zu begünstigen, die zentral für das Selbstverständnis des Kapitalismus ist. Gemeint ist das Trugbild, Reichtümer seien im Allgemeinen das Ergebnis harter Anstrengungen und die Härte der Arbeit fundiere ein moralisches Anrecht auf Wohlstand. Er sei durch Strapazen »verdient«. Die Kehrseite der Medaille verwiese dann darauf, dass diejenigen, die völlig mittellos dastehen oder schlicht arm sind, deshalb in diese Lage geraten, weil sie eben faul sind und ihnen dementsprechend auch nichts zustehe.

Hätten wir während der letzten 2000 Jahren Hesiods Welt annähernd gleichgestellter mediterraner Kleinbauern bewohnt, bestünde ein Teil der Erklärung, warum der Bauer X prosperiert, während der Bauer Y in derselben Erntezeit darbt, vermutlich in der Behauptung, X sei kräftiger oder geschickter als Y gewesen, er habe härter auf seinen Feldern gearbeitet.[44] Ein anderer Teil der Geschichte könnte jedoch etwa darauf hinweisen, dass Unterschiede in der Bodenbeschaffenheit und bei den Wetterverhältnissen bestanden, dass gesundheitliche Beeinträchtigungen in die Zeit von Aussaat und Ernte fielen, dass die Zahl der Kinder, die bei der Arbeit halfen, differierte, dass Piraten, die an Land gegangen waren, rein zufällig ausgerechnet diesen und nicht jenen Bauernhof ausplünderten usw. Wenn Hesiod schreibt, der Töpfer grolle dem Töpfer und der Zimmermann dem Zimmermann, imaginiert er eine Welt, in

44 Angemerkt sei, dass Hesiod für Y das griechische Wort *apalamon* verwendet, das in seiner Bedeutung zwischen »ungelernt« und »unmotiviert« schwankt. Siehe Denys Page, *Sappho and Alcaeus*, Oxford 1955, S. 315.

der ungefähre Gleichheit die faktische Grundlage von Konkurrenz bildet: In ihr tritt zwar ein Töpfer mit manuell getriebener Töpferscheibe und ein bisschen Ton gegen einen anderen Töpfer an, der auch nicht besser ausgestattet ist, jedoch nicht der einzelne Töpfer namens Exekias gegen das Unternehmen Royal Limoges oder die Königliche Porzellan-Manufaktur Meißen. Könnte es eine kleine Computerfirma je unter gleichen Ausgangsbedingungen mit Google aufnehmen?

Wie reich jemand heutzutage wird, hat in der überwältigenden Mehrheit der Fälle nichts mit seinen oder ihren Anstrengungen oder Verdiensten zu tun, sondern mit Glück und (lebens-) geschichtlichen Umständen. Nicht auszuschließen, dass ein Vorfahre seine Besitztümer tatsächlich durch harte Arbeit erworben hat, doch kommen große Vermögen typischerweise dadurch zustande, dass Landnahmen (die Einfriedungen des späten Mittelalters) stattfinden, dass der umfangreiche Besitz von Klöstern, die während der Reformationszeit aufgelöst wurden, zu Spottpreisen aufgekauft wird, dass man Sklavenhandel treibt, dass (natur-)historische Gegebenheiten (die Entdeckung von Ölfeldern) ausgebeutet werden, dass Monopole (etwa auf die Salzgewinnung in Indien) mit Gewalt durchgesetzt oder Krieg geführt wird (etwa die Opiumkriege, durch die China dazu gezwungen wurde, seinen Tee den Briten nicht in Silberwährung zu verkaufen, sondern im Handel gegen deren in Indien erzeugtes Opium). Solche Transaktionen waren fällig, wollte man sich ein Heer fügsamer, bedürftiger und abhängiger Arbeitskräfte schaffen und Märkte zur gefälligen Ausbeutung erschließen. Wem an normativer Bewertung gelegen ist, wird wohl feststellen, dass keine dieser Praktiken, die bestenfalls äußerst fragwürdig und im schlimmsten Fall regelrecht widerwärtig sind, irgendeinen plausiblen Anspruch auf Verdienste oder besondere Meriten rechtfertigen könnte. Entstünde Reichtum üblicherweise direkt aus harter Arbeit, wäre es tatsächlich wichtig, genauer in Erfahrung zu bringen, was gewisse Leute im Gegensatz zu anderen dazu motiviert hat, kraftraubende Tätigkeiten auf sich zu nehmen. Ist der Zusammenhang von Wohlstand und harter Arbeit hingegen zufällig, wird einigermaßen fraglich, warum Arbeitsmotivation überhaupt analysiert werden muss.

Eine zweite Variante, die den Schwanz dazu bringt, mit dem Hund zu wedeln, geht nicht von der Anstrengung aus, die eine Arbeiterin aufbringt, sondern vom Phänomen der Entlohnung. Natürlich kann man auf die Idee verfallen, gesellschaftlich notwendig oder nützlich sei alles, was entlohnt werde – müsse es tatsächlich auch sein, mithin entsprechend konzipiert werden; denn besagt die Auskunft, ein Produkt oder eine Dienstleistung sei gesellschaftlich notwendig, im Grunde nicht, dass jemand dieses Gut oder diesen Dienst will, und könnte es ein besseres Indiz für den entsprechenden Wunsch geben als die Bereitschaft, für dessen Erfüllung zu zahlen? Demnach wäre der Tatsache, dass jemand gewillt ist, für eine bestimmte Tätigkeit ein hohes Gehalt zu zahlen, zu entnehmen, dass sie der Gesellschaft einen wirklich großen Dienst erweist.

Dieses Argument sticht nur, wenn wir uns grundsätzlich weigern, zwischen verschiedenen Arten menschlicher Wünsche, Begierden und Präferenzen zu differenzieren. Insbesondere unterscheidet es nicht zwischen:

1. »Ich will/begehre X.«
2. »Ich werde für X zahlen.«
3. »X ist objektiv (oder sozial) notwendig, nützlich, wertvoll.«

Alle drei Aussagen werden in dem Argument so verwendet, als stellten sie dieselbe Behauptung auf. Folglich meint der Satz »Wir *brauchen* Krankenhäuser« eigentlich nur »Wir wollen, wünschen Krankenhäuser, verlangen nach ihnen«. Und dieser

Wunsch oder diese Präferenz liegt auf der gleichen Ebene wie das Bekenntnis »Mir ist Tee lieber als Kaffee«. Wird ausgeschlossen, etwas für objektiv nötig (ob wir es wissen oder auch nicht) zu halten oder als objektiv nützlich beziehungsweise gut (ob wir es wissen oder auch nicht) einschätzen zu können, überlässt man die Wünsche und Präferenzen sich selbst. Dann wird letztlich Gott (in der Gestalt des »freien Marktes) herausfinden, welche Präferenzen überwiegen und welche es »verdienen«, als die stärksten den Ausschlag zu geben. Das wird »Rationalität« oder »Effizienz« genannt.

Bullshit Jobs

In seinem wichtigen Buch *Bullshit Jobs*[45] hat David Graeber ein Phänomen analysiert, das auf die vermeintliche Rationalität unseres Wirtschaftssystems ein etwas anderes Licht wirft. Es geht um die Schaffung von immer mehr Jobs, die vollkommen inhaltsleer sind und zu absolut nichts beitragen. Graebers Beispiele sind die zahllosen Berater und Gutachter, die Manager aller Art, die sich in fast jedem Wirtschaftszweig ausgebreitet haben, die Experten in Denkfabriken, die Telefonverkäufer, die meisten Leute im Finanzwesen und in der IT-Branche. Für diese »Bullshit Jobs« liefert er drei Kriterien, an denen sie erkennbar sind:

(a) Der Job ist sinnlos, überflüssig oder schädlich.
(b) Vorzugeben, er sei nicht sinnlos, ist Teil des Jobs.
(c) Die Leute, die einen solchen Job haben, halten ihn ihrerseits für nutzlos.

Es ist schwer, sich vorzustellen, was noch deprimierender als die Kombination von Nutzlosigkeit mit Heuchelei sein könnte. Dass diese Jobs außerdem derart gut bezahlt sind und sich die

45 David Graeber, *Bullshit Jobs. Vom wahren Sinn der Arbeit*, Stuttgart 2022.

ganze Zeit nahezu unbegrenzt vermehren, müsste eigentlich tiefe Verwunderung auslösen. Dieser Trend, die konstante und offenbar nicht zu bändigende Schaffung neuer nutzloser Jobs, läuft allem zuwider, was ansonsten in der Welt der Beschäftigung geschieht. Dort hat man zugelassen, dass sich Automatisierung (mit ihren beiden Erscheinungsformen, *siehe oben*) eindeutig in eine Richtung bewegt, die zu einem massiven Abbau von Arbeitsplätzen führt.

Zu den Arbeitsplätzen, die gerade verschwinden, zählen beispielsweise die an Supermarktkassen, die durch automatische Erfassungssysteme ersetzt werden, oder diejenigen der bereits erwähnten Hotelangestellten. Ein neuartiges Regime der Arbeitsverdichtung macht sie überflüssig. Es bewirkt, dass die gleiche (oder ein Mehr an) Arbeit von verkleinerten Belegschaften erledigt werden muss. Über die abgebauten Arbeitsplätze wird im Rückblick behauptet, sie seien »ineffizient« gewesen (oder hätten sich angesichts des erfolgreichen Ersatzes als wenig effizient erwiesen). Allerdings hätte wohl niemand ernsthaft behaupten können, es seien keine echten Jobs gewesen – mir ist jedenfalls beim letzten Einkauf nicht aufgefallen, dass Kassierer acht Stunden lang an ihrem Arbeitsplatz lediglich herumlungern. Was auf diese Berufsgruppe auch immer zutreffen mag, sie stellt unübersehbar eine Dienstleistung bereit. Und selbst wenn der Fall gewesen wäre, dass die Hotelmitarbeiterinnen vor der Einführung dieser Maßnahmen zur Steigerung ihrer Produktivität mit einzelnen Aspekten ihrer Tätigkeit unzufrieden waren, so sind sie bestimmt nicht der Überzeugung gewesen, sie sei sinn- und nutzlos – was wohl auch die Hotelgäste ausschließen würden. Viele dieser Angestellten hätten ihren Arbeitsplatz (alles in allem) behalten wollen.

Wenn sich dennoch gezeigt hat, wie vergleichsweise einfach es ist, schlecht bezahlte Arbeitsplätze zu beseitigen, die ihre vormaligen Inhaber nur zu gerne behalten hätten und die sichtlich zur Güterproduktion oder zur Bereitstellung von Dienstleitungen beitragen, warum lässt sich dann das Aufkommen ebenso nutzloser wie gut bezahlter Bullshit Jobs nicht begrenzen, die von denen gehasst werden, die sie haben? Allein schon diese Beobachtung – so Graeber – müsste ein für alle Mal die Idee beseitigen, dass sich unser Wirtschaftssystem durch eine ganz besondere, speziell organisierte Effizienz auszeichne.

Graeber begegnet den Jobs, die ihn beschäftigen, gänzlich neutral und ungerührt, von Werturteilen nimmt er Abstand (siehe den Punkt (c) oben). Es reiche doch, so der Autor, dass die Leute mit den fürstlich honorierten Bullshit Jobs selber finden, sie seien sinnlos. Wer sonst könnte es besser wissen?[46] Auch wenn Graebers Einstellung völlig in Ordnung geht, sollte aus ihr nicht folgen, dass wir unter allen Umständen dazu verpflichtet sind, uns dem Zeugnis derer blind anzuschließen, die ihre Berufstätigkeit umgekehrt wunderbar finden, weil sie den Laden am Laufen hält und zur Wohlfahrt der Menschheit beiträgt. Wenn es derart viele Leute gibt, denen klar ist, dass ihre Jobs überflüssig oder sogar schädlich sind (was sie durchaus belastet), wie viel mehr Leute muss es dann geben, die sich darüber keineswegs im Klaren sind, denen es vielmehr schlicht egal ist oder die aus ihrer beruflichen Nutzlosigkeit sogar ein perverses Vergnügen beziehen? Deshalb würde ich lieber auf Graebers Kriterium (c) verzichten und von »Bullshit Jobs« in einem so weiten Sinne sprechen, der sinnlose, unnötige oder schädliche Berufstätigkeiten miteinbezieht. Diese Jobs werden von den Leuten, die sie ausüben, für ausgesprochen nützlich gehalten werden, sie gehen ihnen freudig nach und identifizieren sich womöglich sogar mit ihnen. Damit drängt sich

46 Graeber, *Bullshit Jobs*, S. 43

jedoch sofort eine Frage auf, die sich Graeber nicht gestellt hat: Wie lässt sich die Behauptung rechtfertigen, dass eine Tätigkeit, der eine Menge Leute mit Vergnügen nachgehen – all die, die ihre Bullshit Jobs mögen – und die andere bereitwillig entlohnen – die Arbeitgeber, die Bullshit Jobs schaffen und finanzieren –, tatsächlich oder objektiv sinn- und nutzlos ist?

Die Frage ist so gut, dass sie eine direkte Antwort verdient. Außerdem wirft sie, wie mir scheint, einen bedeutsamen Punkt auf, der – um es ein bisschen hochgestochen zu formulieren – die generelle Beziehung zwischen dem Subjektiven und Objektiven in unserem Nachdenken über menschliche Gesellschaften betrifft. Niemand ist so naiv, das, was die Leute sagen, für einen untrüglichen Hinweis auf die Dinge zu halten, die sie tatsächlich denken – manchmal lügen sie, manchmal verhaspeln sie sich auch. Und manchmal, was noch wichtiger ist, liegen sie einfach falsch. Uns wird etwa mit größter Ernsthaftigkeit versichert, sie wollten X tun, obwohl all ihre Handlungen über einen langen Zeitraum und in ganz unterschiedlichen Kontexten offenbaren, dass sie nicht die geringste Neigung an den Tag legen, bei sich bietenden Gelegenheiten X zu tun. Das ist einer der Gründe, warum sozialwissenschaftliche Forschung auf der Basis von, sagen wir, Fragebögen oder Interviews nie besonders weit kommt. Dass Auskünfte über Präferenzen und Überzeugungen schlicht zu ignorieren sind, ist damit natürlich nicht gesagt, sondern nur, dass es sich in gewissen Kontexten empfiehlt, etwa wenn es um Verständnisfragen geht, die Aussagen der Leute nur als eine Komponente – eine zweifelsohne bedeutsame, wiewohl nicht einzige – zu behandeln, der Rechnung zu tragen ist. Mitunter geben Menschen in Interviews, Meinungsumfragen oder Fragebögen eher zu Protokoll, was nach ihrer Überzeugung erwartet wird, als das, was sie wirklich denken. Vor allem gilt dies für Umfragen zur Situation am Arbeitsplatz. Zu Recht oder Unrecht können Beschäftigte befürchten, ihre Auskünfte würde zensiert, sollten sie die »falschen« Antworten geben. Da viele Firmen verzweifelt um eine geschönte Selbstdarstellung bemüht sind, der zufolge sie ihrer Belegschaft beglückende Arbeitsplätze bieten, ist nicht auszuschließen, dass die Resultate von Interviews und Umfragen parteiisch sind. Selbstverständlich ist damit nur eine von vielen Möglichkeiten beschrieben, wie sich etwaige Resultate derartiger Forschungen gravierend verzerren lassen. Im Übrigen müssen die ernstgemeinten Auskünfte von Arbeiternehmern zu Funktion und Wert ihrer jeweiligen Arbeit beileibe nicht das unumstößlich letzte Wort über Sinn, Wert und allgemeine Nützlichkeit sein.

Mir ist bewusst, wie unmodern es gegenwärtig ist, die Behauptung zu vertreten, dass wir uns ein eigenständiges Urteil über die Nützlich- respektive Zweckmäßigkeit gewisser Jobs zutrauen müssen – ganz so wie wir uns gestatten zu beurteilen, ob das, was einer unsere Freunde über seine Wünsche sagt, dem entspricht, was er sich wirklich wünscht. Wenn wir nicht vollkommen blind sind, müssen wir uns unter bestimmten Umständen die Feststellung erlauben, »dass dieser Job als Unternehmensberaterin (Systemexpertin oder sonst was) völlig sinnlos ist, obwohl die Unternehmensberaterin, eine im Umgang angenehme, junge Frau, fest davon überzeugt ist, etwas in der Tat Sinnvolles zu tun« – ganz so wie wir uns auch zu folgender Feststellung autorisieren: »Jim redet andauernd davon, wie sehr ihm daran läge, Spanisch zu lernen. Und jetzt lebt er schon seit zwei Jahren in Mexiko, hat genug Zeit und eine Haushälterin, die nur ein paar Worte Englisch spricht. Doch macht er keine Anstalten, die Sprache wirklich zu erlernen. Wahrscheinlich ist sein Wunsch weniger stark, als er meint.« In beiden Fällen hängen die Gründe, die uns sagen lassen, was wir sagen, vom Kontext ab. Sie beziehen sich auf spezielle Tatsachen in der jeweiligen Situation, müssen also keinesfalls willkürlich und rein zufällig sein. Es ist ein Faktum, dass Jim in Mexiko lebt und immer noch kein Spanisch kann und so weiter.

Es gibt zwei, wahrscheinlich zusammenhängende, Einwände gegen die Vorstellung, wir könnten in objektiver Einstellung darüber befinden, welche Jobs nützlich sind und welche nicht. Der erste stellt den Anspruch auf Objektivität des Urteils unter eine Art von Sippenhaft. Die am Vorbild der Sowjetunion orientierten Regime in Osteuropa haben Ferenc Fehér und Agnes Heller als »Diktaturen über die Bedürfnisse« charakterisiert.[47] Zentrale Instanzen dieser Regierungssysteme maßten sich Entscheidungen darüber an, was die Bevölkerung braucht, welche Berufstätigkeiten nötig respektive unnötig sind, welche Konsumwünsche erfüllt werden und welche nicht. Selbstverständlich haben diese Regime nicht völlig außer Acht gelassen, was die betreffende Bevölkerung über ihre Wünsche und Bedürfnisse oder über Berufstätigkeiten mitgeteilt hat, die sie für nützlich beziehungsweise überflüssig hielt. Doch wurden solche Meinungsäußerungen, bevor sie überhaupt die zentralen Planungsstellen erreichten, in einem wirkmächtigen Verfahren ausgesiebt und modifiziert, bei dem die politischen Interessen der Einheitspartei die alles entscheidende Rolle spielten. Nur möchte ich zu bedenken geben, dass die Ablehnung politischer Vorkehrungen im Stil der Sowjetunion als solche keineswegs die generelle Vorstellung entkräftet, was die Leute wollten und welche Berufe tatsächlich nützlich seien, lasse sich unabhängig von dem beurteilen, was die unmittelbar Betroffenen zu diesen Fragen ihrerseits sagen und denken.

Der zweite Einwand ist stichhaltiger. Sagt man, etwas sei »sinnlos und unnütz«, bedeutet dies immer, dass es *unter dem Blickwinkel von jemandem* »sinnlos und unnütz« ist. Aber wenn

47 Ferenc Fehér / Agnes Heller, *Diktatur über die Bedürfnisse. Sozialistische Kritik osteuropäischer Gesellschaftsformationen*, Hamburg 1979.

es objektive Nützlichkeit nicht gibt und »Objektivität« stets ein soziales Konstrukt darstellt, bleibt es nichtsdestotrotz wahr, dass mächtige Akteure nicht nur ein eigennütziges Interesse daran haben, sondern häufig auch über den nötigen Einfluss verfügen werden, eben diese Konstruktion in ihrem Sinne zu vereinnahmen. Und selbst daraus folgt nicht, dass es unmöglich ist, die ureigenen Ansichten von Berufsinhabern über ihre Arbeit aus einer gewissen Distanz zu betrachten und deren etwaige Nützlichkeit in einer Weise einzuschätzen, die nicht gleich die Interessen etablierter politischer und wirtschaftlicher Akteure begünstigt. Es ist kein unmögliches, sondern bloß ein ungeheuer schwieriges und höchst politisches Unterfangen.

Weil all dies sehr abstrakt klingt, möchte ich zur Veranschaulichung ein paar Beispiele heranziehen: Jedem, der in den letzten dreißig Jahren in einem größeren Unternehmen beschäftigt war, werden »Fortbildungsseminare« geläufig sein. Gewöhnlich werden sie von gut bezahlten Beratern geleitet, die sie für die Mitarbeiter des Hauses ausrichten. In der Regel ist die Teilnahme für Mitglieder der entsprechenden Belegschaft verpflichtend. Aus eigener Erfahrung würde ich sagen, dass es sich bei derartigen Kursen vornehmlich um Zeitverschwendung handelt. Und diesen Eindruck teilen die meisten der Leute, auf deren Urteil ich etwas gebe. Aber wie komme ich zu meiner Behauptung, wenn die Person, die das Seminar organisiert, doch meint, die Veranstaltung sei nützlich, und die Leute, die sie finanzieren (gewöhnlich das Firmenmanagement), denken, sie bekämen tatsächlich etwas für ihr Geld. Vielleicht ist mein Eindruck unbegründet? Das wird von den Umständen abhängen, womöglich sind auch nicht absolut alle Seminarsitzungen reine Zeitverschwendung gewesen. Nehmen wir gleichwohl an, dass – lassen wir die Überzeugung der Seminarleiterin und des Managements mal beiseite – alle Belegschaftsmitglieder einhellig die Meinung vertreten, die ganze Übung sei sinnlos gewesen, und dass jeder Kollege diese Überzeugung detailliert begründen kann: Die Seminarleiterin war mit den Wirklichkeiten der für dieses Unternehmen typischen Arbeitswelt nicht vertraut; sie warf mit Trivialitäten um sich, die allen im Raum Anwesenden sowieso bekannt waren; das Seminar war integraler Bestandteil einer List, mit der sich das Management mögliche Arbeitsgerichtsprozesse vom Hals schaffen will, die nicht durch Versagen innerhalb der Belegschaft, sondern durch sein eigenes Unvermögen provoziert werden usw. Als ein unabhängiger Beobachter kann ich mich bemühen, diese Begründungen auszuwerten und dabei zu dem Schluss kommen, tatsächlich mit Einwänden zu tun zu haben, die viele für gut begründet halten. Außerdem könnte ich eine eigenständige Untersuchung der Belegschaft vornehmen und herausbekommen, ob sie sich aus Leuten zusammensetzt, die mir ihre jeweiligen Tätigkeiten gut verständlich machen und Ergebnisse ihrer Arbeit erläutern können, mithin aus Personen, die im Allgemeinen als besonnene, zuverlässige und an ihrem Arbeitsplatz produktive Kolleginnen und Kollegen geschätzt werden. Nichts von alldem vermag den syllogistischen Beweis zu erbringen, dass die Seminarleiterin mit ihrer Annahme falsch liegt, das Seminar sei für die Teilnehmer von besonderem Wert gewesen, denn in einem derartigen Untersuchungsfeld sind Beweise dieses Typs in keinem Fall zu haben, weshalb ihr Fehlen auch kein Einwand ist. Allerdings ist es der Fall, dass es sich bei der Schlussfolgerung, faktisch mit einem Bullshit Job zu tun zu haben, um einen politischen Akt handelt. Nur folgt aus diesem Umstand nicht, dass sie willkürlich, erschlichen, subjektiv oder bloß meine Meinung ist. Sie kann durch verschiedene Gründe, die benennbar sind, unterfüttert und selbstverständlich diskutiert werden – ganz so wie wir uns vernünftig über die Vorzüge unterschiedlicher Verkehrsregeln, Besteuerungssysteme und Schulreformen streiten können.

Zur Kontrastierung möchte ich noch eine andere Beobachtung heranziehen. Jedem Ausländer, der Japan besucht hat, wird die Vielzahl der Jobs auffallen sein, die es nur dort, aber nicht im Westen gibt. Ich denke beispielsweise an die uniformierten Männer mit weißen Handschuhen, die in Bahnhöfen an den Ausgängen von Aufzügen postiert sind, um den Leuten beim Ein- und Aussteigen zu helfen, oder an die jungen Frauen, die Kundinnen und Kunden begrüßen, die ein großes Kaufhaus betreten. Auch findet sich – selbst in urbanen Ballungszentren – eine erstaunliche Anzahl »großelterlicher« Geschäfte (meine Begriffsprägung). Es handelt sich um winzige Läden in fast jeder Seitenstraße, wo ein älterer Mann, häufiger noch, wie mir schien, eine ältere Frau, eine höchst überschaubare Auswahl an Gegenständen (Seife, Tabak, Zahnbürsten, Süßigkeiten) zum Kauf feilbietet. Was den westlichen Besucher noch mehr überrascht, ist der beträchtliche Stolz, den die älteren Menschen, die diese Läden betreiben, aus ihrer Arbeit beziehen. Den demoralisierten Eindruck, nur noch zum alten Eisen zu gehören, vermitteln sie keineswegs, vielmehr scheint man ihnen großen Respekt entgegenzubringen. Sie besetzen das andere Ende jenes Spektrums, auf dem sich urbane Taxifahrer verorten lassen, wie man sie in New York, Berlin, Paris oder London trifft und die typischerweise in sich eine gärende Masse von Ressentiments vereinen, die nur darauf wartet, zu explodieren. Ob das von Würde und Stolz geprägte Erscheinungsbild dieser älteren Menschen verlässlich oder bloß oberflächlich ist, wird ein Ausländer kaum beurteilen können. Andererseits darf man sich schon fragen, worüber die analytische Unterscheidung zwischen Erscheinung und Wirklichkeit letztlich belehren würde. Genügt es nicht, wenn ihr ganzes Auftreten von Würde zeugt und sie von anderen offenkundig mit respektvollem Anstand behandelt werden? Keiner meiner japanischen Freunde hat mich je wissen lassen, dass eine heimliche Empfindung von Deklassierung an diesen Menschen nagt, weil sie einer solchen Arbeit nachgehen. Vielmehr wurde mir berichtet, dass die japanische Regierung nach Kriegsende die Entscheidung gefällt hat, besagte Lädchen finanziell (durch Steuerbegünstigungen) zu unterstützen, weil dieses Netzwerk lokal verankerter Geschäfte den städtischen Nachbarschaften guttut und weil es für diejenigen Mitglieder der Bevölkerung, die schon älter und vielleicht ein bisschen gebrechlicher, jedoch nicht völlig unvermögend sind, von Vorteil ist, etwas zu tun zu haben. Auch nur einen dieser Jobs für sinnlos und reinen Bullshit zu halten, läge mir völlig fern. Die Männer an den Aufzügen und die Alten in ihren Läden bieten – weit davon entfernt, irgendeine wertlose oder imaginäre Arbeit auszuführen – zweifelsohne eine wirkliche Dienstleistung an. Sowohl sie selbst wie praktisch jedermann ist davon überzeugt, dass ihre Arbeit wertvoll ist. Das Gleiche trifft auch für die jungen Frauen zu, deren Gruß die Kundschaft der Warenhäuser in Empfang nimmt. Warum sollte ihre Arbeit weniger nützlich sein als die von Portiers oder Leuten, die an einer Rezeption beschäftigt sind? Welche Gründe gäbe es dafür, von der in Japan gesellschaftlich geteilten Wahrnehmung abzuweichen, es handle sich um ordentliche Berufstätigkeiten?

Dennoch bleibt ein ungelöstes und auffälliges Rätsel bestehen, auf das wir zurückkommen müssen: Große Unternehmen vermitteln den Eindruck, in hoher Geschwindigkeit eine Menge echter Arbeitsplätze zu zerstören – Arbeitsplätze, die zum vorgeblichen Geschäftsbetrieb dieser Firmen beitragen –, während sie gleichzeitig viele, häufig gut bezahlte Bullshit Jobs ins Leben rufen. Wenn ich Graeber richtig verstehe, meint er, Neidgefühle könnten zur Erklärung dieses Rätsels beitragen – jedenfalls teilen viele seiner Informanten diese Ansicht. Einer echten, ernsthaften, produktiven Arbeit nachzugehen, die ihnen gestattet, ihre Fertigkeiten auszuschöpfen, daran ist vielen Leuten in der Tat sehr gelegen. Man will als Mechaniker, Ingenieurin, Bauarbeiterin, Arzt, Lehrerin, Koch und auch als »einfache« Reinigungskraft – wie ich aus eigener Erfahrung bestätigen kann – gute Arbeit abliefern. Also werden Menschen, die solche Berufe ausüben, in einer Gesellschaft beneidet, die nicht dazu in der Lage ist, alle mit befriedigender Arbeit zu versorgen. Für Organisationen, die sowohl in ständigem Wachstum begriffen und den ökonomischen, zumal finanziellen Imperativen ausgesetzt sind, die in unserer Gesellschaft am Werk sind, als auch dazu tendieren, immer hierarchischer zu werden, bedeutet dies, dass sich diejenigen, die direkte Verantwortung tragen, gezwungen sehen, zunehmend Tätigkeiten auszuüben, die losgelöst von direkter produktiver Arbeit sind. Aufgrund der Konstellation besonderer Umstände, die dort vorliegen, mutieren sie zu rabiaten Profiteuren, überfreundlich lächelnden Masken, die potenzielle Investoren oder Aufsichtsbeamte charmieren, oder zu ebenso verstohlenen wie subalternen Handlangern mächtiger wirtschaftlicher Akteure, auf die sie keinen Einfluss haben. Dass unter solchen Bedingungen Ressentiments entstehen, dürfte nicht weiter verwunderlich sein. Die eigenen Vorbehalte gegen das Wirtschaftssystem zu richten, das sie in dieser Weise unter Druck setzt, wäre aus offenkundigen Gründen gefährlich. Also richtet sich ihr verdruckster Hass gegen alle, die mehr tun, als nur ein Lächeln aufzusetzen und irgendwelche Vorgaben zu exekutieren, namentlich gegen die Leute, die einem ordentlichen Beruf nachgehen, der nach ihren Fertigkeiten verlangt, damit etwas Nützliches oder eine Dienstleistung zustande kommt, die tatsächlich nachgefragt und gebraucht wird. Man kann sich einen Vorstandsvorsitzenden oder Hauptgeschäftsführer vorstellen, der sich in einem Augenblick irritierten Nachdenkens sagt:

»Ich muss hier rumsitzen und mich den ganzen Tag lang mit Finanzleuten herumschlagen, diesen prospektiven Investoren und lästigen Vertretern von Aufsichtsbehörden, während du wirklich dazu kommst, Sachen zu machen. Und willst dafür auch noch bezahlt werden? Ist doch ungerecht. Da sollte es doch wenigstens meine Sache sein, das, was du tust, soweit es geht, zu entwerten und dafür zu sorgen, dass dein Lohn und deine Anerkennung gering bleiben, indem ich die Zahl von Leuten wie dir möglichst verringere, indem ich dir immer mehr Arbeit unter schlechten Arbeitsbedingungen aufhalse, indem ich an übergeordneten Stellen in der Firmenhierarchie besser bezahlte (aber nutzlose) Jobs kreiere und indem ich dich mit so viel Bullshit zuschütte, wie ich nur organisieren kann.« Tatsächlich entwertet ein solcher Geschäftsführer wirkliche Arbeit durch die Schaffung solcher Jobs und macht sich seine eigene Nutzlosigkeit damit erträglicher.

Gemäß dieser Beschreibung erzeugten die großen Unternehmen, in denen der Prozess der Bullshitisierung Fuß fasste, nicht nur genug Rendite, um sinnlose Jobs zu etablieren. Sie waren in ihrer organisatorischen Struktur auch hinreichend steil hierarchisiert, um der Unternehmensspitze zu ermöglichen, derart kostspielige und weitreichende Entscheidungen zu treffen und umzusetzen. Hatte sich die Schaffung von Bullshit Jobs schließlich in ein paar weithin sichtbaren Großunternehmen durchgesetzt, konnte sich die Gesamtsituation radikal verändern, weil nun andere Firmen bestrebt waren, die offenbar höchst erfolgreiche Konkurrenz zu imitieren. Sich eine Menge Drohnen leisten zu können, entwickelte sich zu einem Statussymbol, zu einer Weise, die sichtbar machte, dass die eigene Firma solvent und auf der Höhe der Zeit war.

Politik

In der Situation, die ich beschrieben habe, stecken zwei Joker, zwei unbekannte Faktoren, von denen sich herausstellen könnte, dass sie für Kommendes weichenstellend sein werden. Erstens hatte ich sowohl angenommen, dass fortgeschrittene moderne Gesellschaften auch weiterhin zumindest ein Minimum an Vorsorge für arbeitsunfähige, pensionierte oder beschäftigungslose Arbeiter gewährleisten werden, als auch unterstellt, dass wir nicht in die brutalen Arbeitsregime zurückkehren, die rechtskräftig waren, bevor Bismarck 1883 seine richtungsweisende Sozialgesetzgebung in Deutschland einführte. Doch stand die Sozialfürsorge, insbesondere während der letzten vierzig Jahre, unter ständiger und scharfer Kritik. Eines der eher plausibel klingenden Argumente lautete, dass »wir uns diese Art der Unterstützung wirtschaftlich Inaktiver nicht mehr länger leisten können, weil sie uns zu teuer kommt«. Mir scheint dieser Einwand eines der Argumente zu sein, mit der sich Politik hinter dem Appell an »wirtschaftliche Notwendigkeiten« versteckt. Seit den 1980er Jahren haben viele Regierungen in Europa und Nordamerika bei einem Großteil ihres Handels Monopolbildungen geduldet, die aufgrund »amazonifizierter« Strukturen nicht nur lokale Geschäftsfelder zerstören, sondern sich weitgehend auch der Zahlung von Steuern entzogen haben. Zudem wurden unter der Parole, »Der private Dienstleister streicht jeden Profit ein, während der Staat für die nötige Infrastruktur sorgt, Fördermittel bereitstellt und finanzielle Sicherheitsleistungen verbürgt, sollte etwas ›schieflaufen‹«, Teile des öffentlichen Dienstes privatisiert. Außerdem haben sich die Regierungen gesträubt, große Vermögen und globale Finanztransaktionen (Tobin Steuer) zu besteuern. Die Einkommensteuern wurden auf ihren historischen Tiefständen belassen und allenfalls symbolische Bemühungen unternommen, um den vielen Steueroasen beizukommen, in denen die Reichen ihr Geld deponieren, ohne dass irgendjemand Fragen stellt. Angesichts dieser Gegebenheiten ist es kein Wunder, dass die staatliche Sozialfürsorge unter finanziellen Druck geraten ist. Bei all dem hat es sich, was angemerkt sei, um politische Entscheidungen gehandelt. Und die Behauptung, sie hätten Effizienz erhöht oder seien die Antwort auf ökonomische Erfordernisse gewesen, wäre nur dann plausibel, wenn man »Effizienz« und »ökonomische Erfordernisse« zuvor mit dem Interesse privater Investoren an den höchstmöglichen und kurzfristigen Renditen gleichsetzt, egal welche Konsequenzen daraus für die Gesellschaft als Ganze folgen.

Würden, aus welchen Gründen auch immer, die Berufsunfall- und Arbeitslosenversicherung sowie verwandte Vorsorgeleistungen für Erwerbstätige gestrichen, wären Virulenzen in Arbeitsmarktpolitiken Tür und Tor geöffnet, die der Westen seit Langem nicht mehr erlebt hat.

Zwei Geschichten über die Zukunft

Ein möglicher Kollaps des Wohlfahrtstaates war der eine Joker. Der andere ist der mögliche ökologische Kollaps. Damit Arbeit eine Zukunft hat, muss, um es unverblümt zu sagen, auch die organisierte menschliche Gesellschaft eine Zukunft haben – was keine ausgemachte Sache ist. Klar scheint zu sein, dass die Welt beim momentanen Stand des Ressourcenverbrauchs für die Versorgung der gegenwärtigen Weltbevölkerung nicht wird aufkommen können. Vom »augenblicklichen Stand der Ressourcenverbrauchs« zu sprechen, ist allerdings insofern irreführend, als einer der wichtigsten Aspekte unerwähnt bleibt, der für die globale Ressourcennutzung kennzeichnend ist, nämlich ihre eklatanten Ungerechtigkeiten. Teils ist dieses Ungleichgewicht geografisch, teils durch Klassenzugehörigkeit bedingt. Der Durchschnittsbürger in Nordamerika oder in Europa verbraucht ein Vielfaches der Energie, die im statistischen Mittel in den ärmeren Weltregionen genutzt wird. Und in jeder Region verbrauchen die Reichen jeweils mehr als die Armen. Gerade daran ist abzulesen, was es heißt, »reich« zu sein. Zumindest nach oberflächlicher Betrachtung, davon gehe ich aus, wird ein allgemeines Einverständnis darüber bestehen, dass wir die lebensnotwendigen, nicht erneuerbaren Energien gegenwärtig alles andere als nachhaltig verbrauchen, dabei Schritt für Schritt die Umwelt zerstören und uns selbst vergiften. Nimmt man diese Beobachtung zum Ausgangspunkt, lassen sich zwei mögliche Geschichten darüber erzählen, was vernünftigerweise von der Zukunft zu erwarten ist, wobei jede auf leicht variierenden Hypothesen basiert. Die erste fällt tief pessimistisch aus: Die Industriegesellschaft war als solche nicht dem Untergang geweiht. Hätten wir in den 1960er und frühen 1970er Jahren, als ein weltweites Bewusstsein für die Umweltprobleme entstand, all unsere technische und wissenschaftliche Expertise darauf verwandt, unsere Produktionsweise zu verändern, und unsere sozialen wie politischen Kompetenzen darauf, unsere Lebensweise umzustellen, wäre gut möglich gewesen, der Situation zu entgehen, in der wir jetzt stecken. Wahrscheinlich wäre es nötig gewesen, universalen Vegetarismus zu praktizieren, den privaten Autoverkehr abzuschaffen, den Flugverkehr auf ein Minimum dessen zu reduzieren, was ihn heute ausmacht, drakonische Maßnahmen zur Begrenzung des Bevölkerungswachstums zu ergreifen und ein halbes Dutzend weiterer einschneidender Veränderungen unserer Lebensweise herbeizuführen, kombiniert mit massiven Programmen zur Säuberung der Weltmeere, zur Wiederaufforstung und zur Dekarbonisierung auf der Grundlage eines Ausbaus der Sonnen- und Windenergiegewinnung (usw.). Nichts davon wäre grundsätzlich unmöglich gewesen, allenfalls unangenehm, und es hätte eines politischen Konsenses bedurft, der nicht existierte. Nichts dergleichen wurde aus welchem

Grund auch immer unternommen, also der entscheidende Punkt verpasst, sodass es nun, fünfzig Jahre danach, zu spät ist. Mittlerweile hat sich die Weltbevölkerung mehr als verdreifacht, und die Erderwärmung, der Klimawandel, die Versteppung und die globale Umweltverschmutzung haben Ausmaße angenommen, denen wir nicht mehr gewachsen sind, selbst wenn wir ihnen mit dem gebotenen Sinn für die eingetretenen Wirklichkeiten begegnen und einen Versuch zu ihrer Bewältigung starten würden. Da die Situation faktisch nicht mehr beherrschbar ist, macht es auch keinen Sinn, mit Panik zu reagieren. Während sich die Lage fortschreitend verschlechtert, können wir, falls gewollt, noch verschiedene Dinge tun, um uns zumindest zu beruhigen und besser zu fühlen. Arbeiten mag ein Hilfsmittel unter anderen sein, jedoch würde selbst noch so angestrengte Arbeit keine Auswirkungen auf die individuellen wie kollektiven Überlebenschancen haben, die minimal sind – wenn nicht inexistent.

Das ist die eine Geschichte, die sich über eine mögliche Zukunft erzählen lässt. Die zweite fällt im Gegensatz dazu deutlich zuversichtlicher aus, weil sie Aussichten auf technologische Fortschritte hervorhebt, die es uns eventuell gestatten, mit der außer Kontrolle geratenen ökologischen Situation zurechtzukommen. Nach dieser Geschichte dürfen wir mit drei oder vier »mirakulösen« Entdeckungen rechnen, die es uns – jedenfalls denjenigen, die im industrialisierten Westen leben – ermöglichen, ein Leben mit nur minimal eingeschränkten Konsumgewohnheiten und begrenztem Bevölkerungswachstum fortzusetzen. Der Grund für ein gewisses Selbstvertrauen verdankt sich dem Umstand, dass wir in der Vergangenheit noch immer einen technologischen Kniff ausfindig gemacht haben, der die vorhergesagte Katastrophe abwendet. So ist die ständig prognostizierte Verknappung der Ölreserven nicht eingetreten, auch gegen die meisten größeren Epidemien wurden schließlich wirksame Impfstoffe entwickelt. Und für Malthus – dessen Analyse auf eine Zukunft massenhafter Hungersnöte hinauslief, weil die landwirtschaftliche Produktion nicht Schritt halten könne mit dem Bevölkerungswachstum – stellte sich heraus, dass er kein besonders verlässlicher Führer durch die Abläufe war, die während des 19. und 20. Jahrhunderts tatsächlich in Europa eintraten. Irgendein technischer Trick scheint sich immer zu ergeben. Aber beruht diese Zuversicht wirklich auf erfahrungsgesättigten Schlussfolgerungen oder doch nur auf einer höheren Form kindlichen Optimismus?

Entscheidend für unsere spezielle Situation ist der Faktor Zeit. Soll das optimistische Szenario überzeugen, müsste sich nicht nur eine Lösung der Umweltprobleme ergeben, die an ein Wunder grenzt, sie müsste zudem, da die Uhr tickt, rechtzeitig gefunden werden. Also stellt sich Zukunft als ein Wettrennen dar, in dem die Suche nach einem großen technologischen Allheilmittel gegen den fortschreitenden Prozess des ökologischen Niedergangs antritt. Wird sich die Lösung (wenn es sie gäbe) finden lassen, bevor die Luft, das Wasser und der Erdboden unumkehrbar vergiftet sind? Und sollte die Katastrophe eintreten, müsste sie keineswegs zwingend darin bestehen, dass wir an den Abgasen unserer Verkehrsmittel ersticken. Viel naheliegender wäre, dass sie das Ergebnis eben der politischen Anstrengungen sein wird, mit denen die eingetretenen Engpässe abgefangen werden sollen. Stets ist menschliche Voraussicht begrenzt, ungewiss und insbesondere schwach, was ihr Vermögen angeht, Handlungen zu motivieren. Als Gattung sind wir Menschen desorganisiert. Demgegenüber ist die geballte Vorhersagekraft einzelner Nationen hinreichend funktionstüchtig, um es wahrscheinlich erscheinen zu lassen, dass sie, sobald empfindliche Knappheit herrscht, äußerst aggressiv auftreten werden. Dass Kriege und Massaker dann wahrscheinlich viel mehr Menschenleben kosten werden als Abgase, Hitzewellen und Hungersnöte, ist kein besonders guter Trost.

Fazit

Eine eigentümliche Konstellation von Ideen hat das Nachdenken über unser soziales wie individuelles Leben während sehr langer Zeiträume beherrscht. Zentral für diese Vorstellungen war die Annahme, ein Großteil der Bevölkerung müsse einer Gestalt von Arbeit nachzugehen, für die das, was kleinbäuerliche Landwirte über Jahrtausende und Industriearbeiter über Jahrhunderte getan hatten, das Vorbild lieferte. Dass dieses Konglomerat von Überzeugungen und mit ihnen verbundenen Einstellungen seine vormalige Bedeutung behalten wird, scheint eher unwahrscheinlich zu sein. Vermutlich wird es Lebensmittelerzeugung sowie industrielle (oder zumindest handwerkliche) Aktivitäten so lange geben, wie sich Menschen um ihre Selbsterhaltung kümmern. Zwar wissen wir nicht, wie diese Aktivitäten zukünftig organisiert sein werden, doch ist – außer im Falle einer Katastrophe, die viele überleben, aber ein Ende mechanisierter und automatisierter Produktion nach sich zöge – absehbar, dass der menschliche Anteil an solchen Tätigkeiten deutlich zurückgehen, wenn nicht minimal sein wird. Vielleicht bestünden bestimmte Dienstleistungen, die nicht von Robotern, sondern nur von Menschen erledigt werden können fort, jedoch wird ein Großteil der Bevölkerung sicherlich nicht mit ihnen befasst sein. (Angemerkt sei, dass es exakt jene Berufstätigkeiten waren, von denen man annahm, sie ließen sich nicht durch Automatisierung beseitigen, die durch die Pandemie im Jahre 2020 am heftigsten in Mitleidenschaft gezogen wurden – etwa das Haareschneiden, folglich Dienstleistungen, die nach dem Wunsch der meisten Leute eben von Menschen ausgeführt werden sollten.) Wie die Einzelnen für ihren Lebensunterhalt sorgen, wird stark variieren, auch singulär und zufällig sein. Nicht auszuschließen ist, dass die meisten von uns beim postindustriellen Äquivalent einer Sammler- und Jägerexistenz landen, das heißt Gelegenheitsarbeiten ausführen, auf gegenseitige Hilfe, auf Almosen, auf staatliche Unterstützung, soweit es sie an Ort und Stelle noch geben mag, vertrauen müssen, im Grunde also leben wie die Mitglieder eines Sozialverbandes, der sein Überleben dadurch sichert, dass man die Früchte der jeweiligen Jahreszeit sammelt, jagt, was sich gerade anbietet, und Güter mit Mitgliedern anderer Verbände tauscht, die einen zufällig über den Weg laufen. Vielleicht wird sich eine Form von Kriegskommunismus herausbilden?[48]

Wie Gesellschaft das Faktum bewältigt, dass »Arbeitslosigkeit« in ihrer herkömmlichen Bedeutung – plötzlich oder allmählich – keine Ausnahme oder kein Missgeschick mehr sein wird, das verschiedene Bevölkerungsteile zu unterschiedlichen Zeiten und in unterschiedlicher Intensität peinigt, sondern ein Dauerzustand für die meisten Menschen, wissen wir nicht. Niemand verfügt über irgendeine Erfahrung mit der Organisation einer solchen Gesellschaft: Wie wird in ihr Nahrung verteilt? Wie darüber entschieden, wer Arzt oder Technikerin wird? Wie würden sie ausgebildet?

Wir werden lernen müssen, was es heißt, in sinnvoller Weise aktiv zu sein, während einerseits weniger produziert und konsumiert wird und wir uns andererseits von den Pathologien sowohl des unbegrenzten Wachstums und der unausgesetzten Steigerung menschlicher Produktivkräfte befreien. Die Elemente, die zusammenfinden mussten, damit aus ihnen das überkommene Verständnis von Arbeit hervorgeht – die Vorstellung wonach eine Bevölkerungsmehrheit lebensnotwen-

48 Anfread Malm, *Corona, Climate, Chronic Emergency. War Communism in the Twenty-First Century*, London 2020.

dige Güter kraft einer anstrengenden Tätigkeit erzeugt, die auf verschiedene Berufsgruppen verteilt ist –, sind jetzt separiert, sie haben sich voneinander gelöst und zerstreut. Viele der Komponenten haben sich außerdem derart verändert, dass sie kaum mehr wiederzuerkennen sind. Wohin uns der Weg führen wird, vorausgesetzt, dass wir lange genug überleben, um ihn überhaupt beschreiten zu können, ist völlig offen.

Lektüreempfehlungen

Was folgt ist eine Auswahl von Büchern, die sich mit dem Thema dieses Buches beschäftigen:

Unverzichtbare Klassiker

Émile Durkheim, *Über soziale Arbeitsteilung. Studie über die Organisation höherer Gesellschaften*. Mit einem Nachwort von Hans-Peter Müller und Michael Schmidt. Mit einer Einleitung von Niklas Luhmann, Berlin 2022.

Georg Wilhelm Friedrich Hegel, *Die Phänomenologie des Geistes*, hrsg. von Heinrich Clairmont und Hans Friedrich Wessels. Mit einer Einleitung von Wolfgang Bonsiepen, Hamburg 1987.

Karl Marx, *Das Kapital. Kritik der politischen Ökonomie*, Bd. 1, Der Produktionsprozess des Kapitals, Berlin 2008.

Karl Marx, Ökonomisch-philosophische Manuskripte, Kommentar von Michael Quante, Berlin 2022.

Karl Marx / Friedrich Engels, *Deutsche Ideologie*. Manuskripte und Drucke. Bearbeitet von Ulrich Pagel, Gerald Hubmann und Christine Weckwert, Marx-Engels-Gesamtausgabe, I. Abt., Bd. 5, hrsg. von der Internationalen Marx-Engels-Stiftung (IMES) Amsterdam, 2 Bde., Berlin/Boston 2017.

Adam Smith, *Der Wohlstand der Nationen: Eine Untersuchung des Reichtums der Völker*, München 1974.

Max Weber, *Die protestantische Ethik und der Geist des Kapitalismus*, hrsg. und eingeleitet von Dirk Kaesler, München 2010.

Anregende jüngere Literatur

Luc Boltanski / Ève Chiapello, *Der neue Geist des Kapitalismus*, Köln 2008.

André Gorz, *Kritik der ökonomischen Vernunft. Sinnfragen am Ende der Arbeitsgesellschaft*, Berlin 1989.

David Graeber, *Bullshit Jobs. Vom wahren Sinn der Arbeit*, Stuttgart 2022.

Ivan Illich, »Schattenarbeit«, in: ders., *Vom Recht auf Gemeinheit*, Reinbek bei Hamburg 1982, S. 75–93.

Peter Kropotkin, *Gegenseitige Hilfe in der Tier- und Menschenwelt*, Berlin 2018.

Adolf Loos, »Ornament und Verbrechen«, in: ders., *Sämtliche Schriften*, hrsg. von Franz Glück, Bd. 1, Wien/München 1962, S. 276–288.

Brian O'Connor, *Idleness*, Princeton 2018.
Unsichtbares Komitee, *Der kommende Aufstand*, Nautilus Flugschrift, Hamburg 2010.

Belletristische Texte

Hesiod, *Werke und Tage*, Griechisch/Deutsch, Stuttgart 1996.
Michel Houellebecq, *Karte und Gebiet*, Köln 2011.
Andrej Platonow, *Die Baugrube*. Mit Kommentaren, einem Nachwort und übersetzt von Gabriele Leupold, Berlin 2017.
Vergil, *Georgica / Vom Landbau*, Lateinisch/Deutsch, Stuttgart 1994.
Émile Zola, *Germinal*, hrsg. von Wolfgang Koeppen, Stuttgart 1986.

Weitergehende philosophische Überlegungen

Simone de Beauvoir, *Pyrrhus et Cinéas*, Paris 1944.
John Dewey, *Kunst als Erfahrung*, Frankfurt am Main 1987.
Johann Gottlieb Fichte, *Der geschlossene Handelsstaat* [1800], vollständige Neuausgabe, hrsg. von Karl-Maria Guth, Berlin 2015.
Martin Heidegger, *Über den Humanismus*, Frankfurt am Main 2010.
Paul Lafargue, *Das Recht auf Faulheit*, Stuttgart 2018.

Geschichte und Anthropologie

Henry Mayhew, *Die Armen von London. Ein Kompendium der Lebensbedingungen und Einkünfte derjenigen, die arbeiten wollen, derjenigen, die nicht arbeiten können und derjenigen, die nicht arbeiten wollen*. Ausgewählt, übersetzt und mit einem Nachwort von Kurt Tetzeli von Rosador, Frankfurt am Main 1996.
George Orwell, *Ganz unten in Paris und London*, Berlin 2021.
George Orwell, *Der Weg nach Wigan Pier*, Zürich 2012.
Marshall Sahlins, *Stone Age Economics*, London 1974.
James C. Scott, *Die Mühlen der Zivilisation. Eine Tiefengeschichte der frühesten Staaten*, Berlin 2020.
Studs Terkel, *Working. People Talk About What They Do All Day and How They Feel About What They Do*, New York 1972.